知识产权法

# 东北亚地区专利法：理论、实践与规范

DONGBEIYA DIQU ZHUANLIFA LILUN SHIJIAN YU GUIFAN

赫 然
侯德斌◎著
金锦花

知识产权出版社
全国百佳图书出版单位

## 内容提要

本书为吉林省社会科学基金重点项目东北亚六国知识产权问题研究（项目编号2008Afx01）的重要成果。本书前半部分通过对现有理论界在东北亚知识产权比较研究和实务界在知识产权保护模式方面存在的缺陷的深入剖析，对知识产权比较研究和知识产权保护制度改进，提出了自己的见解。后半部分对东北亚五国的专利法作了详尽的资料整理，其中朝鲜及韩国专利法为我们独立翻译完成，尽管不甚完备，但希冀这一努力能够为我国的知识产权法比较研究提供间接的规范素材。

**责任编辑**：纪萍萍

**图书在版编目（CIP）数据**

东北亚地区专利法：理论、实践与规范／赫然，侯德斌，金锦花著．—北京：知识产权出版社，2012.1

ISBN 978-7-5130-0856-3

Ⅰ．①东…　Ⅱ．①赫…　②侯…　③金…　Ⅲ．①知识产权法—对比研究—东亚　Ⅳ．①D931.03

中国版本图书馆CIP数据核字（2011）第200065号

**东北亚地区专利法：理论、实践与规范**

赫　然　侯德斌　金锦花　著

出版发行：知识产权出版社

| | | | |
|---|---|---|---|
| 社　　址：北京市海淀区马甸南村1号 | | 邮　　编：100088 | |
| 网　　址：http://www.ipph.cn | | 邮　　箱：bjb@cnipr.com | |
| 发行电话：010-82000860转8101 | | 传　　真：010-82000860转8240 | |
| 责编电话：010-82000860转8130 | | 责编邮箱：jpp99@126.com | |
| 印　　刷：知识产权出版社电子制印中心 | | 经　　销：新华书店及相关销售网点 | |
| 开　　本：880mm×1230mm　1/32 | | 印　　张：8.25 | |
| 版　　次：2012年1月第1版 | | 印　　次：2012年1月第1次印刷 | |
| 字　　数：207千字 | | 定　　价：25.00元 | |

ISBN 978-7-5130-0856-3/D・1329（3746）

# 前　言

21 世纪以来，全球化及区域化进程加快，社会制度的区域竞争与融合成为发展的必然趋势。在这种环境中，我国学术界虽然在知识产权法比较研究领域有了长足的进展，但却很少有研究是在选定特定地区国家，尤其是东北亚地区国家，作为比较研究领域的基础上进行的。本书的意义在于以特定的区域为视角，以构建兼容性知识产权保护制度为目标导向，在尊重本国基本国情和习惯的基础上，积极倡导引进先进的知识产权保护制度及工作方法，为推动东北亚区域一体化提供理论准备。

全书分为三个部分，第一部分在总结 21 世纪以来我国知识产权比较法研究领域存在的特点及缺陷的基础上，指出现有的知识产权法比较研究在研究内容、研究方法等方面的不足，并提出了改进的具体方法。提纲挈领地描绘出本书在东北亚知识产权法比较研究过程中的基本原则，时刻提醒笔者不要重犯以往研究者的错误。第二部分及第三部分是本书在东北亚六国知识产权制度比较研究过程中得到的两个基本成果，需要说明的是，由于东北亚地区知识产权法比较研究不是一朝一夕可以完成的工作，我们研究小组对于东北亚地区国家知识产权法比较研究的成果也无法全部在这本书里体现出来。在成功申报吉林省社会科学基金重点项目之后，我们研究小组又在东北亚知识产权法比较研究方面在吉林省教育厅、国家知识产权局相继成功申报了两个后续研究项目，并将在今后申请更多的后续研究项目。因此，我们一定会在后续的研究过程中获得更多的比较研究成果，并会陆续以专著的方式发表出来。

本书的第二部分是对东北亚六国知识产权保护实践的比较，尤其侧重保护制度的建构理念比较，我们研究小组在深入调查研究的基础上，根据吉林省在知识产权保护实践中的具体做法，深入分析了隐藏于该等实践背后的我国普遍存在的知识产权保护理念及其成因，并提出新型制度和理念建构的指导原则。

本书的第三部分节选了我们研究小组在东北亚知识产权研究方面收集整理或自行翻译的立法资料。在本书的写作过程中，研究小组收集整理或自行翻译了东北亚六国的专利法、商标法、著作权法。这些立法资料对于东北亚知识产权法比较研究来说弥足珍贵，资料原文及译文字数在百万字以上，由于篇幅所限，本书不能把所有的资料都展现出来，只能节选其中一部分以飨读者。

# 目　　录

# 第一部分

# 21世纪以来我国知识产权比较法学研究述评——以东北亚六国为限定

## 一、研究的意义与方法

进入21世纪以来，全球范围内的区域合作与一体化进程加快，我国政府高度重视区域合作，将其作为进一步融入全球化进程的重要方式和全面提升对外开放水平的重要措施。东盟—中国自由贸易区的建成、大湄公河次区域合作、大图们江合作开发、中亚区域合作机制的建立都表明未来一个阶段，区域合作作为国家战略，将在相当长一段时间内，为学术界提供研究的场域。

区域合作归根结底是制度竞争、并存与融合的过程。制度博弈所引发的法律的移植与法制的变革正是法律发展的外部动因。知识经济时代，一个国家能否建构出既与其所在区域或全球一体化格局相适应，又能兼顾本国特殊情境的制度系统，尤其是鼓励和保护知识创新的制度系统，将在很大程度上决定该国在国家间制度争胜的结果。闭门造车则出门必不合辙，比较参考区域内各国知识创新制度（就法律部门而言即为知识产权相关制度），显然是催生合适且有效的知识创新制度架构的重要环节。

伴随着中国与邻国经贸关系的快速发展，东北亚六国（指中国、日本、韩国、朝鲜、俄罗斯、蒙古）经贸交流与区域合作不断深化，我国与东北亚周边国家的经贸合作规模不断扩大，领域不断拓宽，东北亚五国已成为我国重要的经济贸易合作伙伴。截至2006年，吉林省对东北亚五国贸易额达到27.24亿美元，占全省对外贸易总额的34.4%，其中出口13.55亿美元，更是占到全省出口总额的45.2%。与此同时东北亚五国在吉林省的投资额也占到全省投资总额的20%左右。随着经贸合作的不断发展，东北亚区域合作理念自20世纪后期，被越来越多的学者提及。学者眼中的东北亚区域合作，从最初的单一经济合作逐渐演变为以经济为轴心，涵盖政治、文化、安全在内的全面合作。最近，有学者开始积极宣传提倡东亚共同体的愿景。

基于东北亚区域合作的广阔前景和研究者所在的地域限制，本书力图描述21世纪以来我国学术界对东北亚区域知识产权制度比较研究的现状，探讨圈囿、牵绊东北亚区域知识产权制度比较研究深入的主要原因，找寻未来东北亚区域知识产权制度比较研究的前路，力争为区域知识产权比较研究的类型化提供可供参考的范本。

同时，研究者希望，有关的研究能够为我国相关制度建设提供智力支撑，力促中国在保护和促进知识创新的制度竞争中获取更为有利的地位。具体到吉林省：

首先，研究者希望通过本书，能促使执政者有意识的为吸引投资、引进高新技术创造良好的软环境。所谓的软环境就是制度环境，随着产业升级观念大潮的临近，如何吸引全国乃至全世界节能、环保的高新技术产业风落吉林，已经成为摆在执政者面前的突出问题，从美国特拉华州的有效经验来看[1]，吸引投资、引

[1] 关于制度环境对经济发展的重要影响请读者参看［美］Robert W. Hamilton, *The Law of Corporations*, West Publishing co. pp. 16-18.

进高新技术最为关键的是向投资者和高新技术产权人提供其所向往的制度以及人文环境，这种环境既要能有效地保护投资者及高新技术产权人的收益，而且显然也要符合国际惯例。因此，我们有必要通过考察东北亚其他国家在制度环境创造上的成功经验，为执政者创造高效、廉洁的软环境提供建议。

其次，研究者希望通过本项研究，在分析我国尤其是吉林省现存的保护知识产权的主要方法和手段，并比较其他国家在保护和鼓励知识创新有效做法的基础上，找到吉林省知识产权保护制度的短板和瓶颈所在，为行政和司法实践者提供改进现行制度的参考建议。良好制度环境的创造除了要有一个有效的法律条文系统外，还要有大批具备专业素养的执法者和行之有效的执法系统，以及大量拥有良好品质的裁判者和公平正义的救济系统。我们希望通过比较我国与东北亚其他国家之间在行政和司法实践上的差异，反思我国知识产权保护执法中存在的问题，并为执法者与裁判者提出改进的建议。

再次，研究者希望通过本项研究，揭示出知识产权侵权领域内侵权行为的独有特点和资本引进过程中经常出现的知识产权陷阱，为知识创新的市场主体——企业，提供有效的规避风险的合理化建议。近年来，某些国外投资者利用国内对知识产权了解偏少的弱点，经常用一些已经超过保护期限或者根本不存在的专利技术等知识产权作为出资资本，从而形成中国企业出资源，外国企业拿回报的尴尬局面。比较东北亚地区知识产权政策并建立相应的预警机制可以有效地防控这种现象的出现。

最后，研究者希望通过本项研究能为我国企业“走出去”提供帮助和保护。随着我国产业升级的进一步加快，我国产品的科技附加值逐渐提高，党中央、国务院适时地提出了“走出去”战略，制定了一系列政策鼓励我国企业提高出口产品附加值，加快高科技产品的出口。例如，据统计 2007 年吉林省工业制成品出口完成 292 927 万美元，同比增长 35.17%，占出口总值的比重达 76%，比上年同期提高 5 个百分点；机电产品、高新技术产品出口占出口总值的比重分别达到 22.4%、13.3%，初步扭转了外贸出口依靠初级产品的局面。初级产品的出口很少会遇到知识产权的问题，而工业品尤其是自主知识产权的高科技产品的进、出口必然会面临品牌、知识产权的冲突和协调问题。保护我国企业不遭遇当年奇瑞汽车出口之痛，这是摆在我们面前必须解决的问题。总之，对于东北亚国家知识产权制度的研究和比较，对我国东北地区未来经济的发展有着重要的意义。

鉴于本书不仅涉及学术界有关知识产权保护制度的比较研究，还包括行政及司法领域的知识产权保护制度的实践，在充分考虑研究复杂性的基础上，研究小组决定将本书分成三大主要部分。

研究小组首先对国内现有的有关日本、俄罗斯、韩国、蒙古、朝鲜五国知识产权立法原文及其汉译文献的资料进行了梳理，将有关资料汇编成册，在此基础上希望整理出版中、日、俄、韩、朝、蒙六国的知识产权法律汇编（法律汇编将同时使用中文和其本国文字），以便对后续研究提供基础资料，使本书研究有的放矢。

研究小组还对 21 世纪以来我国学术界在东北亚知识产权制度比较研究领域的学术成果进行了深入的整理，选取了以下期刊作为研究样本：《法学研究》、《法学评论》、《现代法学》、《中国法学》、《法学》、《中国版权》、《知识产权》、《法律科学》、《法学家》、《政法论坛》、《中国政法大学学报》、《南京大学法律评论》、《中外法学》、《比较法研究》、《法制与社会发展》、《政治与法律》、《法商研究》、《华东政法学院学报》、《河北法学》、《电子知识产权》、《当代法学》。这些期刊分别入选了 2000—2002、2003、2004—2005、2006—2007、2008—2009 年度的 CSSCI 数据库，基本上反映了法学研究的发展动态，涵盖了我国法学研究的主要成果。同时研究者还选取了其他入选 CSSCI 数据库的高校综合性社科学报以及综合性社科期刊 40 余种，参考了发表在这些期刊上的重要研究成果。研究工作中，长春理工大学法学院建立了以上述核心期刊所刊载的文章为主要内容的数据库，以备后续研究工作资料查询之用。研究小组将上述期刊自 2000 年至 2010 年发表的所有文章整理为资料目录，并将有关知识产权比较研究的文章单独列出，认真查考了这些文章中是否涉及东北亚地区六国之间的知识产权比较研究，最终将涉及东北亚地区六国之间知识产权比较研究的文章遴选出来，在详细阅读相关文章的基础上，希望能够形成对 21 世纪以来我国学术界对东北亚六国知识产权比较研究概况的初步了解。

## 二、21 世纪以来我国知识产权比较法学研究的特点及存在的问题

通过上述笔者大规模的资料收集和品鉴，我们总结了 21 世纪第一个十年中，我国学者在进行东北亚知识产权比较法研究时显露出的较为明显的特点。

（1）介绍日本知识产权法律制度的资料繁多，研究者关注焦点广泛，与此相对应，鲜有研究者对俄罗斯、韩国的知识产权制度进行深入研究，朝鲜以及蒙古的知识产权制度几乎未有资料提及。

总体来说，有关东北亚地区知识产权比较研究的文章数量稀少，近十年间涉及东北亚地区国家间知识产权制度比较的文章总数不到 400 篇（研究者数据库内收集的期刊所载文献总数约为 72 000 余篇）。在为数较少的研究文献中，多数学者将关注重点放在了地区内知识产权法律制度较为先进的日本，因此，推介日本知识产权法律制度的文章相对较多，其中既有类似《世界贸易组织成立后日本知识产权法的发展》这样通篇介绍日本知识产权

法律制度的专题文章[1]，也有在研究单一制度时对日本的有关规定附带介绍的论著，如《商标平行进口的法律分析》[2]。

与此形成鲜明对照的是，同为东北亚区域重要国家的俄罗斯和韩国，则由于种种原因往往被研究者忽视，对其国内知识产权法律制度作深入介绍的文章也是凤毛麟角，只有《俄罗斯知识产权立法与民法典的编纂》、《俄罗斯联邦商业秘密法》、《韩国著作权的刑事保护》等少数文章对俄罗斯和韩国的知识产权制度作了专题介绍[3]，也有部分文章在介绍相关制度时对俄罗斯和韩国的法律规定有所提及，但数量较少。

至于朝鲜和蒙古这两个在东北亚地区重要性相对略低的国家，从研究小组数据库中收录的2000－2010年的期刊文献所载的文章来看，几乎没有文章将这两国国内的知识产权法律制度作为专题予以介绍，仅有数篇文献在讨论某种知识产权法律制度建构时，作为背景资料以极少的文字对这两国的相关制度作了不完

---

[1] 在笔者建立的数据库中类似的文章有三十余篇，具体如木棚照一："世界贸易组织成立后日本知识产权法的发展"，载《环球法律评论》2005年第6期；钱亦俊："日本、韩国及我国台湾外观设计专利保护制度介析"，载《知识产权》2005年第2期；王先林："日本关于知识产权滥用的反垄断控制及其借鉴意义"，载《知识产权》2002年第2期；张伟君、单晓光："滥用专利权与滥用专利制度之辨析——从日本'专利滥用'的理论与实践谈起"，载《知识产权》2006年第6期；张玲："专利产品的修理与专利侵权问题探讨——从日本再生墨盒案谈起"，载《知识产权》2007年第3期；等等。

[2] 类似这种在研究单一制度时对日本的相关规定作附带介绍的文章众多，仅在笔者建立的数据库中就有近百篇。

[3] 在笔者建立的数据库中类似的文章不到十篇，具体如韩相敦："韩国著作权的刑事保护"，载《中外法学》2007年第5期；孙光妍、于逸生："苏联法影响中国法制发展进程之回顾"，载《法学研究》2003年第1期；宋慧献："苏联舆论审查与版权法的畸变"，载《法律科学（西北政法大学学报）》2008年第3期；刘春萍："俄罗斯法制与法学国际学术研讨会综述"，载《法学研究》2004年第2期；鄢一美："俄罗斯知识产权立法与民法典的编纂"，载《知识产权》2006年第3期；邓社民、林辉："俄罗斯联邦商业秘密法"，载《知识产权》2006年第3期等。

整的描述[1]。

（2）对于立法基础资料的收集、整理工作少有人问津，东北亚地区各国知识产权立法现状不甚了了，由此引发的直接问题是比较研究中使用的立法资料出现一些冲突和错误。

通过查询CALIS联合目录公共检索系统，笔者收集、整理了21世纪前十年我国出版的日本、俄罗斯、韩国、朝鲜、蒙古五国知识产权法的立法资料。其中《日本专利法（第2版）》（杜颖译，经济科学出版社2009年版）、《日本著作权法》（夏雨译，日本著作权信息中心1999年版）、《日本著作权法续》（夏雨译，日本著作权信息中心2000年版）、《俄罗斯民法典》（包括知识产权法中的著作权与发明权部分，该书由黄道秀译，北京大学出版社2007年版）、《蒙古国法律专利法》（知识产权出版社2006年版）、《蒙古国法律选编（第二辑）》（包括蒙古国专利法、商标法和著作权法，该书由宗那生主编，内蒙古大学出版社2009年版）存有中文译著版，但该类著作普遍存在以下三种缺陷：第一，译著中选用的法律文本多为颁行时的原始文本，此后该等法律多有修改，而这些修改信息多数没有在译著中得到足够的体现。第二，与我国知识产权立法体例类似，东北亚其他五国在专利、商标、著作权领域除基本法外还存在许多单行的法规、条例，如俄罗斯曾在2000年通过《关于某些活动种类的许可制度》的联邦法，对著作权及邻接权集体管理的许可制度进行了规定[2]。以上译著对这些作为辅助性的法规、条例没有涉猎。第三，广义的知识产权法律制度不仅存在于直接以知识产权法律关系为调整对象

---

[1] 这类文章主要包括沈仁干：“世界知识产权组织的两个互联网条约”，载《知识产权》2003年第4期；尹新天：“关于新颖性宽限期的问题”，载《知识产权》2002年第1期；胡倬：“初探专利制度对世界经济发展的贡献”，载《知识产权》2002年第5期。

[2] 参见一丁：“俄罗斯的信息政策与法规”，载《国外社会科学》1999年第2期。

的专门法中，更广泛的分布在各国的民法、行政法甚至刑事法律体系中，这种广泛而深入的对广义商标、专利、著作权法律体系的整体翻译，对于未经长时间相关法律体系浸染的译著者来说，是无论如何也无法做到的。

当然，以上缺陷并非是对译著者辛苦工作成绩的指摘，恰恰是上文中提到的译著对相关知识产权研究作出了卓著贡献，它们为东北亚六国知识产权比较法研究的进一步发展奠定了坚实的基础。相比较而言，日本商标法、俄罗斯联邦商标法、俄罗斯联邦专利法、韩国商标法、韩国专利法、韩国著作权法以及朝鲜相关知识产权法的基础资料的翻译文献虽然也可以通过互联网检索到，但由于没有专门的译著者把关，其准确性就大打折扣了。

（3）很少有学者能够深入“制度样法”背后，探析其所根植的“生活样态”，更多的研究者偏好于单项具体制度比较，因此难以在介绍各国对某项具体制度不同规定的基础上提出有理有据的制度构筑建议。

法律乃为人世规则，旨在营造合理秩序，造福惬意人间生活。然而生存环境的千差万别决定了不同时代的不同族群，面临的不同境遇而产生不同人生困境与人心困惑，从而宿命般的决定了特定时空的个别族群积累、发展出各自的求生方式、人间秩序和人世生活，法律当是提炼、型构于一个时代一个民族的人生，慰贴、安籍其人心，从而有利于造就合理而惬意的人世生活。由此，对一个国家一个民族的制度解释必须以其人世、人生、人心为背景，非此不足以理解其制度之玄妙❶。

从现有的文献看，我国多数的知识产权制度比较研究者，对各国知识产权保护法律制度的介绍还停留在文义解释的层面，对

---

❶ 有关法律与本土资源的联系请参见许章润：《说法·活法·立法》，法制出版社2000年版，第1～80页。

导致各国制度差别的深层次缘由探究甚少，也很少能够完整的描述研究标的国知识产权制度的系统概况，更妄谈谛悟制度背后的法律文化之玄妙了。当一项研究止于文义解释，研究者所倡导的法律移植的正当性凭据就要受到质疑，因为法律移植过程中最主要考虑的就是供体和受体的具体情况，对供体生活样态的知之甚少以及对受体生活样法的妄加断言是横亘在所有法学比较研究之险恶现况与美好彼岸之间的鸿沟。

## 三、问题产生的根源

导致上文所述东北亚地区知识产权比较法研究问题产生的原因归结起来有以下几个方面。

(1) 从影响东北亚地区知识产权比较法学研究的事实环境而言，东北亚区域合作进展缓慢，法律统一要求未见急迫。这从根本上制约了以东北亚地区为研究对象的知识产权比较法学的发展。

21 世纪以来，鼓吹东北亚地区融合的研究者渐多，东北亚经济共同体、东北亚自由贸易区的理路渐有雏形。地区融合最为重要的步骤是制度融合，制度融合中最易实现的是法律融合，而法律制度融合过程中抵牾最少的自然是与商品贸易息息相关的商法和知识产权法。然而，尽管东北亚区域合作前景光明，优势明显，但就近阶段来看，地区政治局势紧张，历史遗留下来的国家统一问题，领土领海争议问题，对于众所周知的战争的认识问题等导致的国与国之间的不信任，明显阻碍着东北亚地区合作的快速铺开。更为关键的是，在东北亚地区并没有一个实力超强的国家作为核心，中、日、韩、俄实力均衡，而各国都希望取得区域合作中的主导权，探索一条均衡的能为各方接受的法律合作方案需要很长时间。

(2) 从知识产权法律学科自身的特点看，知识产权法律制度本身的国际化程度较高，影响研究者的积极性。

知识经济的特性与经济发展的全球化和区域化使知识产权法律保护制度趋向统一。越来越多的国家成为 Trips 的缔约国，要求各国通过与国际最低标准相一致的立法，是 Trips 的唯一出发点，各国必须按照与程序和管理问题有关的详细标准，不断推行 Trips 中的法律[1]。因此对 Trips 及其他国际性知识产权保护条约的研究意义，远大于对某一单一国家知识产权保护制度的研究。这种需求欠缺又耦合于我国大量企业仍处于资本积累的早期阶段，远没有成为真正的国际性跨国企业的现实，既然不能在国际知识产权制度制定过程中起到主导性作用，翻译国际条约就远比制度创新要现实得多，特有制度研究的必要性自然要大打折扣。同时受限于语言和法律移植传统，国内的研究者更倾心于关注欧美国家知识产权制度的演进，对于邻近国家，尤其是在制度竞争中处于劣势的俄罗斯、朝鲜、蒙古自然无心关注了。

（3）从比较法学自身的缺陷看，20 世纪遗留下来的比较法在概念、学科角色、理论构成和方法论运用上的短板并没有被有效地弥补，这影响了包括知识产权比较法研究在内的一切比较法学科结论的有效性。

长久以来，法律比较是所有法律学科研究共用的工具，但法律比较究竟应当比较什么，比较的目的何在，法律比较过程中究竟应当运用何种方法，有着哪些基本的理论，这些问题，比较法学者始终没有给出令人满意的答案。于是包括知识产权比较研究在内的一切比较研究展现出来的是纷繁复杂的事实描述，是凌乱不堪的观点堆砌。正如黄文艺教授所言，过往的比较法学科仅仅充当了素材库的角色，过往的比较法理论只是一些零散不成系统的观点，过往的比较法方法只是在单纯的卖弄比

[1] J. H. Reichman The TRIPS Agreement Comes of Age: Conflict or Cooperation with the Developing Countries Case W. Res. J. Int'IL. vol. 32: 441 (2000).

较的技巧[1]。21 世纪以来，这种比较法学科领域内长期存在的缺陷仍然没有得到弥补，这在很大程度上决定了比较法研究暂时还无法取得新的进展，东北亚知识产权比较法研究也概莫能外。

（4）此外，东北亚知识产权研究领域的研究力量不足，研究者各自为战也是东北亚知识产权法比较研究成果有限的重要原因。从事东北亚知识产权比较研究的研究者不仅需要具有相应的语言常识同时要非常熟悉比较标的国的知识产权制度，还要有知识产权专业背景，具备上述条件的研究者可说珍若拱璧；而国内东北亚地区比较法研究机构数量稀少，由于知识产权具有较强的专业性，专门从事知识产权比较法研究的机构更是凤毛麟角。人才匮乏加之机构稀缺致使东北亚知识产权比较研究力量薄弱，研究者不得不面临各自为战的局面。学术研究的生命在于兴趣，而在浮躁学风盛行的目下中国，有兴趣的研究者迫于改善生活的良好愿景与社会价值观的双重压迫不能从事其心向往之研究，无兴趣的研究者则可能迫于相似压力不得不味如嚼蜡的从事研究工作，以致得其所者不能得其所乐。

## 四、未来研究的建议

### 1. 以区域性制度合作促进区域性经济发展

从长远角度看，东北亚合作进程会不断前行，东北亚地区地域面积 3400 万平方公里，占世界总面积的 26%，人口约 6.8 亿，占世界人口的 31%，国内生产总值（GDP）之和约 5 兆亿美元，占世界国内生产总值的 30%。在全球化的今天，地理位置毗邻，社会文化接近的东北亚各国没有任何理由停止区域合作的进程。目前，关键是中、日、韩、俄四国必须构建切实有效的

[1] 黄文艺：“比较法：批判与重构”，载《法制与社会发展》2002 年第 1 期，第 13～22 页。

制度安排，利用现有的制度框架，进行政府间的高层会晤与对话，以弥合分歧、建立互信、达成共识。对东北亚经济三强来说，中、日、韩三国均是 WTO、APEC 和“10＋3”的成员，这三重框架既为各国提供了现成的经济合作平台，同时也为三国政府高层领导提供了会晤和磋商机制。特别是“10＋3”机制更须重视，因为自 1999 年“10＋3”首脑会议期间，中、日、韩三国领导人首次举行非正式早餐会起，到 2002 年“10＋3”框架下的中、日、韩三国首脑年度会晤已成固定机制，这种机制对东亚经济三强之间消除分歧和摩擦、增进政治安全互信以及确立东北亚经济一体化的战略目标等均具深远的影响。中、日、韩三国首脑会议已就经济贸易、信息技术、环境保护、人力资源开发和文化合作五大重点领域建立合作机制达成了共识。未来合作的领域将会扩展到包括知识产权创新合作及保护机制在内的更大范围。

2. 建立以法律文化比较研究为基础的知识产权比较法学研究新领域

尽管人们对全球化的理解和评价不尽相同，但全球化作为当代世界格局和人类生活的标志性特征，已成为一个不争的事实。人类生活的方方面面都受到了日益强劲的全球化浪潮的冲击，这使得以人类生活为终极关怀的各门人文社会科学不得不正视和探讨全球化问题。在法律领域，以西方殖民者的全球扩张为起点的全球化大潮，已经并且仍在深刻地改变或影响人类法律文化的总体格局和当今世界各国的法律文化。全球化所导致的制度趋同虽然给后进国家的研究者赶超先进国家的研究提出了挑战，但并不意味着后进国家的相关研究就是死路一条。就知识产权比较法学研究而言，至少有这样几个问题值得深入思考和讨论：① 全球化条件下，民族国家特有的知识产权制度领域究竟是否应当保留，在多大范围内应当予以保留；② 全球化条件下，民族国家保有自己的知识产权制度，对国际条约作出排外适用规定的根本原因是主权还是文化；③ 全球化条件下，各国知识产权保护制度冲突产生的原因哪些是由于独有文化引发的，哪些只是技术性问题；④ 中国特有文化条件下，哪些西方国家的知识产权保护制度可以无碍引入，哪些不能。

3. 建立新型的研究评价机制

建立新型的研究评价机制是解决目前学术研究领域现存问题的根本路径，新型的研究评价机制至少应当具备以下三个特点：第一，对于不同类型的学术机构评价标准应当不同，比如，研究型大学学者的评价标准，应根据这类大学的功能和目标，强调研究在有关学者的整个职业要求中的位置，而本科教学型院校教师的评价标准，应侧重于教学。对同一机构不同类型学者采用不同的职业评价标准，研究岗位需要有思想、有创新精神和研究专长的人员，教师岗位则需要热爱教师工作、广闻博识、语言表达能力强的人员。一个多元化的评价机制应当使各类人员都能够找到自己工作的价值，不需要因为艳羡别人而放弃自己的理想，也不需要为了达到统一的标准而放弃自己的优长。第二，评价标准的理性化。我们可以参考国际学术界流行的科研计量评价法。依据这种评价方法，评价一篇学术论文、一部学术论著的质量可以依据两个核心指标：论文被引用次数、影响因子。在一定时期内，在同类成果中，某项成果被引用的频率的高低，在一定程度上反映了该学术成果的价值和影响大小。论著被引用次数越多，价值越高。第三，建立正当的学术评价程序。学术研究的价值大小应当通过正当的程序交由学术同行评价，“向普通公众写文章不是学术晋升的基础，在面向小范围的专家的独有刊物上发表文章才是学术成功的关键”[1]。

---

[1] ［美］杰弗里·C. 戈德法布：《“民主”社会中的知识分子》，杨信彰、周恒译，辽宁教育出版社 2002 年版。

# 第二部分

# 吉林省知识产权保护现状与反思

## 一、吉林省知识产权保护现状

自本项研究开展以来，笔者分别赴长春市海关、吉林省知识产权局、吉林省工商局及部分吉林省知名企业现场调研，参与了部分知识产权保护司法实践研讨会，形成了对吉林省知识产权保护现状的基本认识。

1. 2005 年以来吉林省知识产权保护综合情况

(1) 专利保护。

专利是以法律保护换取发明创造者公开其发明信息，在全社会传播，进而促进全社会的经济增长与技术进步的一项法律制度。它是国际通行的规则，为市场竞争营造公平有序的法制环境，为技术创新提供最新的信息资源，为调整各方利益关系提供有效的激励机制。2005 年以来吉林省为促进自主创新，推动经济增长，提高企事业单位的知识产权创造、运用、保护和管理水平开展了一系列工作。

第一，在专利保护立法方面，吉林省自 2005 年以来颁行了多部地方性专利保护法规以及规范性文件，如《吉林省知识产权局行政执法过错责任追究制度》、《行政执法评议考核办法》、《吉林省专利突发公共事件应急预案》等；细化了《专利法》的某些规定，为吉林省专利保护行政执法部门依法行政提供了重要依据。

第二，在专利保护行政执法方面，2005 年以来吉林省知识产权局会同吉林省食品与药品监督管理局、吉林省农委、吉林省工商局等部门开展多次联合执法和专门行动，对全省大型商业零售企业和药品流通领域执行相关知识产权法律法规情况进行了重点检查，对假冒和冒充专利行为进行了调查和清理。自 2005 年至 2009 年各部门共出动执法人员 1850 余人次，检查商业场所 600 余家，查处假冒、冒用他人专利的药品、农机等商品 1550 余件。

第三，在专利保护行政指导方面，吉林省知识产权局选定了 16 户不同类型的企业作为专利工作试点单位，通过向重点企业选派“专利特派员”和专家咨询会议等形式对企业专利工作进行指导和支持。与此同时，吉林省知识产权局建立了吉林省企业申报国家知识产权局专利审查员企业专利交流站制度，并与国家知识产权局签订了企业专利交流工作委托项目协议，目前已在多家重点企业开展了专利审查员与企业对接的工作，通过类似项目[1]，直接为需要专利审查和保护的企业提供帮助。

第四，在吉林省知识产权局的主导下协助专利技术的实施转化和推广应用。吉林省知识产权局除帮助企业获得财政部门设立的吉林省专利发展基金，以更大力度激励发明人申请专利和推动专利实施外（该基金已经资助了 400 余项专利项目），还数次举办推介会，构建多个网络平台，帮助企业获取专利推广转化的信息、专业服务，同时，各部门还积极为吉林省专利项目“走出去”提供方便，创建了多个知识产权示范园区，为吉林省的专利

[1] 2005 年以来吉林省知识产权局还开展了“玉米秸秆生产燃料酒精项目”、“载重汽车发动机后处理技术”、“高清晰、高均匀全彩色 LED 大屏幕显示器关键技术研究”，“吉林农业大学人参产业专利战略研究”等专项专利保护战略研究项目，并在总结这些项目经验的基础上形成了吉林省重点行业专利技术信息数据库，积极推进重点行业实施专利战略。

项目转化提供了重要支撑。

第五，在知识产权保护教育方面，积极开展知识产权保护的相关宣传工作，围绕着“世界知识产权日”、“全国专利周”等主题，开展了系列宣传活动100余次，制作展板200余块，举办专家解答群众相关知识产权咨询5000人次，发放了大量的宣传资料，与企事业单位、学校联合举办了各种知识产权培训班以及“知识产权进校园”活动。

第六，加强专利保护执法国际交流。利用吉林省连续多年举办东北亚投资贸易博览会的机遇，在博览会会场设置了知识产权保护办公室，专门召开了“法律服务与知识产权保护”论坛等学术交流活动，为各国的律师、法官、学者就有关知识产权保护问题的深入交流提供了平台。

上述具体举措直接促使2005至2009年，吉林省专利申请量年均增长10%，其中发明专利申请年均增长近15%，发明专利占全部专利申请比重的39%，高于全国平均值，这说明专利申请技术含量正在逐步提高，拥有自主知识产权的原创性发明专利在逐步增多。

（2）商标保护。

吉林省商标行政管理部门设立在吉林省工商行政管理局，建立了省、市、县三级商标监督管理机构。2005年以来，吉林省商标行政管理部门结合吉林省的实际情况，分别在促进企业积极申报驰名商标和知名品牌，加大商标保护的宣传和加强商标保护执法方面作了以下工作。

第一，在加大商标保护宣传方面，吉林省商标行政管理部门结合“4·26世界知识产权纪念日宣传周”等纪念活动，加大了《商标法》的宣传力度，通过采取电视讲话、设立咨询台、发放传单以及举办全国闲置注册商标转让许可洽谈拍卖会、组织知识竞赛、设立报刊专栏、开通吉林商标网、送法下乡、培训乡镇干部和涉农企业等手段，提高全社会对商标的认知度，营造重视商标、保护商标、利用商标促进经济发展的社会氛围。

第二，在推进企业申报驰名品牌和著名商标方面，吉林省相关部门积极推动驰名商标战略。1997 年吉林省工商局制定出台了《吉林省著名商标认定和管理暂行办法》，开始了吉林省著名商标的认定工作，2003 年吉林省政府出台了《吉林省著名商标认定和保护办法》。在此基础上，吉林省十届人大常委会第 37 次会议审议通过了《吉林省著名商标认定和保护条例》，吉林省成为第五个出台地方法规保护著名商标的省份。2005 年吉林省政府成立了由 13 个部门组成的吉林省驰名著名商标推进组，起草了《吉林省“十一五”期间培育认定驰名著名商标工作推进方案》，五年间吉林省驰名商标由 8 件增加到 30 余件，增长了近 4 倍，培育认定了 500 余件著名商标，全省有效商标注册量超过了 5 万件，商标代理组织增至 60 余家。

第三，在鼓励以各种农业协会为主体申报的地理标志证明商标方面，吉林省商标行政管理部门，积极开展了地理标志证明商标（集体商标）保护工作。自 2004 年起，吉林省工商管理局多次召开全省推动农业产品商标管理和确认地理标志的相关会议，举办了多个培训班并对申请注册工作进行了具体的指导和帮助。2008 年第一批 4 件地理标志证明商标被国家工商总局商标局核准，结束了吉林省没有地理标志商标的历史，截至 2010 年 3 月，经国家工商总局的核准，吉林省共核准注册了“九台饮马河大米”、“双阳梅花鹿”、“梅河口大米”、“柳河山葡萄”等 20 个地理标志商标，一批有规模的涉农企业利用品牌优势，提高了农产品市场竞争力，促进了农民增收，带动了农村发展。

第四，在注册商标专用权保护行政执法方面，为给企业经济发展创造良好的外部环境，吉林省工商行政管理局出台了《开展保护注册商标专用权行动实施方案》、《关于当前查处商标违法案件意见的通知》等规范性文件，2005年以来，吉林省工商系统共查处商标违法案件22 000余件，收缴和销毁的商标标识4500余万套，罚款3000余万元，责令赔偿经济损失50余万元。移交司法机关追究刑事责任60余人。

第五，在促成非政府互益性组织积极主动参与商标管理工作方面，2001年吉林省在东北地区率先建立了吉林省商标管理协会。近年来，该协会充分发挥其桥梁纽带作用，向会员单位赠送会刊和《中华商标》杂志，对会员进行马德里国际商标注册知识培训，组织会员参加中华商标协会主办的年会，积极调处会员单位之间的商标利益纠纷。

这些措施在“十一五”期间对吉林省商标侵权行为有着一定的遏制作用，对公民保护合法商标的意识起到了一定的宣传作用，为吉林省的经济发展作出了应有的贡献。

（3）著作权保护。

自18世纪世界上第一部著作权法——《安娜法令》和第一部著作权国际公约——《伯尔尼公约》诞生以来，对著作权及邻接权人给予力所能及的保护，逐渐成为法治的基本理念深入人心。中国加入世界贸易组织后，在著作权保护方面作出了许多努力，各级地方政府也开始意识到著作权保护的重要性，纷纷采取了具体行政措施，在著作权保护方面履行了各自的职责。2005年以来，吉林省相关行政机构在著作权保护宣传教育、著作权执法监管、著作权服务以及企业软件正版化方面作了以下工作。

第一，协同有关部门，组织专项行动打击盗版等侵犯著作权的案件。2005年以来，吉林省组织公安、工商、海关以及知识产权执法等多个部门，共开展打击盗版专项行动300余次，查处盗版案件5500余起，收缴各类盗版制品200余万件。针对网络侵权日益严重的情况，2007年开始吉林省开始重点打击“外挂私服”、“自架服务器”等网络侵权行为，2008年4月17日《人民日报》

对吉林省在打击网络侵权方面的工作经验做了详细报道。

第二，充分利用各类媒体资源，宣讲著作权保护的重要意义，普及著作权保护的基本知识。2005 年以来，吉林省版权局（吉林省新闻出版局）通过广播、电视、报纸、网络发布公益广告、开设报纸专栏宣讲著作权保护的基本知识，培养社会公众著作权保护的基本意识，营造良好的著作权执法氛围。同时，吉林省出版局还积极与中小学联合建立著作权保护教育基地，鼓励各高校开设著作权保护课程，主动深入高新技术企业和软件园区开展咨询服务，有力地保护了著作权人的利益。

第三，加强与著作权人的信息沟通，明确服务意识，健全服务机构，优化服务队伍，针对著作权侵权特点，长春海关主动引导企业到海关建立保护备案，目前全省共有 20 多家企业在海关总署申请了知识产权保护备案。吉林省版权局还主动深入到全省 200 余户重点企业之中，宣讲企业软件正版化的作用，促成了这些骨干企业基本实现了软件正版化。

知识产权保护是一个系统工程，涉及各个政府部门的协调合作，自 2005 年以来，工商、公安、海关、司法、版权等行政机构一起采取具体行政行为为知识创新保驾护航，我们不能轻易否定这些政府职能机关对知识产权保护作出的卓越努力。然而，我们也要看到，在这些具体的行政行为中所体现的我国知识产权保护的结构性缺陷，研究者的任务不在歌功颂德而在批判，所谓批判是指对事物的区分、分辨、审查、评判等。但它首先只是对于事实本身的描述，而不是对于事实的肯定或者否定的评价。如果它要评价事物的话，那么它既可能是否定的，也可能是肯定的[1]。我们对现有知识产权保护的批判显然应当从其结构性缺陷

[1] 彭富春："论无原则的批判"，载《武汉大学学报（人文科学版）》2007 年第 4 期，第 438 页。

的描述开始。

## 二、知识产权保护实践所体现出来的结构性缺陷

1. 知识产权保护理念图景缺失，整体布局紊乱

鼓励和保护知识创新是一个系统性的工程，它涉及公民素质的普遍提高，产业发展政策的倾斜，市场交易规则和保护救济措施的完善，这些环节无一不靠国家制度提供保障。作为后进国家，近代以来，中国的制度发展具有鲜明的政府导向特色，国家在法制化进程中始终扮演着掌舵人、推动者的角色。奉行建构论唯理主义理论[1]本来不值得大肆批判，但当建构论唯理主义与结果导向主义相勾连，并成为国家在某一方面的制度建构指导方针时，其影响就趋向负面了。以国家知识产权战略论，我国知识产权战略设定的目标是“申请人发明专利年度授权量进入世界前列，对外专利申请大幅度增加；培育一批国际知名品牌；核心版权产业产值占国内生产总值的比重明显提高；拥有一批优良植物新品种和高水平集成电路布图设计”。[2] 为了保障国家目标的实现，各省、市也纷纷制定了各自的阶段性目标，例如，长春市提出：“2010 年至 2015 年，知识产权拥有量明显增长。专利申请量、授权量年均增长 15%以上，国外专利申请年均增长 20%以上。全市注册商标年均增长 10%以上。计算机软件著作权登记量年均增长 10%。中国名牌产品达到 10 个，国际知名品牌达到 2 个。”[3] 正在制定中的《吉林省知识产权战略纲要实施意见》应

---

[1] 与建构论唯理主义相反的是进化论理性主义，请参见［美］诺内特、塞尔兹尼克：《转变中的法律与社会：迈向回应型法》，季卫东、张志铭译，中国政法大学出版社 1994 年版；［英］弗里德里希·冯·哈耶克：《自由秩序原理》，邓正来译，三联书店 1997 年版。

[2] 节选自《国家知识产权战略纲要》第 2 条。

[3] 节选自《长春市知识产权战略纲要》第 2 条。

该也不会出此窠臼。

在实践中，评价各地知识产权管理与保护机构的绩效标准也恰恰是申请专利的数量、拥有知名品牌和商标的数量、版权产业的规模。当总体目标细化到各省级政务区域，开展多少次打击盗版活动，帮助多少企业获取专利，支持多少企业申请著名商标，举办多少次宣讲教育活动便成了固有模式，“短、平、快”的临时政策大行其道，而长期有效的制度建设由于没有可供目测的效果，被搁置了下来。因此，结果导向型制度构建模式所诱发的“目标明确，过程混乱”，正是催生一切知识产权管理与保护乱象的根源。反观日、韩知识产权保护战略都是从现有的制度缺陷入手，申明要构建更为平等、高效的制度体系，而对要实现的细化目标则均未提及。

2. 知识产权管理与保护执法政出多门，结构复杂

从我国现有的知识产权执法机构布局看，专利权的管理与保护职能主要归属于科技管理部门（在吉林省域范围内为吉林省科技厅），商标权的管理与保护职能主要归属于工商行政管理部门（在吉林省域范围内为吉林省工商行政管理局），著作权的管理与保护职能主要归属于版权管理部门（在吉林省域范围内为吉林省新闻出版局），这种多头管理的局面与我国长期以来形成的以行业主体为管理目标，重视市场准入审批和交易管理，轻视公共服务供给的行政管理格局和行政立法理念密切相关。在这种格局和理念下，往往有一种市场主体，或者一种市场行为就要对应一个管理机构，由于市场行为和主体本身存在的纵横交错的复杂情况，行政管理必然出现机构冗杂，职能重叠的局面。

我国现行的行政管理理念和政府结构设计与东北亚地区发达国家相去甚远，例如，在日本，2002 年中央政府行政机构改革后，形成了 1 府 10 省格局，分别是内阁府、总务省、文部科学省、厚生劳动省、财务省、经济产业省、环境省、法务省、外务

省、农林产业省、国土交通省。这些行政机构专职解决通过市场主体竞争所无法提供的公共产品供给问题，如文化维系、国民教育、生存保障、社会治安、对外交往、资源环境保护，以往直接管理和干预市场主体竞争的行政机构如邮政省等被撤销。对于市场主体的管理工作尽量交给了由相关行业从业者成立的非政府组织，如根据日本2000年颁行的《著作权与邻接权管理事务法》之规定，符合条件的法人组织可以依法申请成立著作权与邻接权的管理机构，日本文部省只负责管理机构的审批和监管，而不从事直接的著作权管理工作。[1] 政府机构作为局外人，只负责对市场行为管理者的监管，由此形成了市场主体——行业管理机构——政府监管机构，现代政府管理的意蕴由此可以窥见。

3. “运动式”执法，知识产权保护方法单一、缺乏创新

“运动式”执法，是指行政机关为了完成上级布置的任务、分派的指标，或者迫于其他需要（包括但不限于制造政绩、迫于外交压力等）或者被某一突发事件诱发而组织进行的，为完成特定目的，冠以一定标题但非持续性的执法活动。这种执法模式不仅存在于吉林省，几乎是中国内地各级政府知识产权保护执法的主要手段，无论是由一个政府部门的单独执法抑或是多个政府部门的联合执法，执法的方式多采用此种“运动式”。“运动式”执法情形的出现，可以归因于我国的政府机构还没有明确、可靠、连贯的行政模式，行政机构的考核标准也不科学。但从根本上说，它是我国现阶段社会结构性缺陷的必然反映。首先，一个成熟的法治社会是建立在公民自治的基础之上。这意味着在同一国家范围内，不同区域的公民拥有构架完全不同的公权力机构的权

---

[1] 宋慧献、周艳敏：“因应时代的著作权管理制度的革新——日本《著作权与邻接权管理事务法》评介”，载《知识产权》2002年第5期，第45～48页。

利。其次，在成熟的法治社会中，公权力机构的职能和工作方式是反馈型的，一个政府能在多大程度上，多快速度上对公民的诉求作出反应，是评价一个民主性政府的主要标志，从这一点上说，民主并不等同于普选制，世界上也不存在放之四海皆准的民主模式，但民主却有着共同的特点即反馈[1]。成熟法治社会的这种结构上的特殊之处，导致了在同一个国家内也可能存在多种多样的行政模式，因为各地域的公民偏好不同，而公权力机构的反馈方式也不同，基于公民的直接监督，各区域公权力机构有创新行政方式的动力，而这种国家内部各区域之间的制度争胜为制度创新提供了基本养料。我国现阶段的社会结构恰恰缺少了公民的自治和公民反馈机制，各级地方政府实际上扮演了中央政府分支机构的角色，没有创新的动力，行政执法方式自然会长期滞后于社会发展水平。

4. 知识产权教育表面化、形式化，知识产权意识难以深入人心

2005 年至今吉林省知识产权局、工商局等行政机关组织的专题教育活动很多，但收效甚微。很重要的一个原因是类似的知识产权保护教育过于形式化、表面化，每一次宣传活动使用的展板大同小异、发放的传单多数是一些陈旧的口号，咨询、热线电话、知识产权保护进校园，风声一过，偃旗息鼓，以行政机关搞知识产权教育既浪费了行政机关的资源，误国；又浪费了教育部门的资源，误民。教育应当专业化，由从事教育工作的专家以符合教育规律的方式，使用被教育者易于接受的语言，和风细雨似的润物于无声。知识创新和保护的教育流于形式说明我国对于国民教育的内容认识还有偏差，21 世纪的国家竞争，并非意识形

---

[1] 关于民主的实质是反馈这一观点，请参见［美］罗伯特·D. 帕特南：《使民主运转起来》，王列、赖海榕译，江西人民出版社 2001 年版。

态的竞争而是制度竞争、文化竞争[1]，制度竞争最终是国民素质的竞争，因为，国家制度说到底是依靠个体国民自由博弈形成的。由此看来，国家的国民教育应当侧重于国民素质教育而非意识形态教育，知识的创新和保护教育正是国民素质教育中至关重要的部分，其对于国家在国际竞争中取得优势地位的意义远重要于政治教育。

5. 民间知识产权保护力量弱小，缺乏强有力的知识产权保护自律组织

自从行业组织诞生时起，其就对行业管理起着至关重要的作用，尤其是近代以来，先进国家越来越多的将行政管理职能交由非政府组织（NGO）行使，各种知识产权协会在知识创新和保护的工作中起到了主导作用。知识产权的保护工作应当首先由参与市场交易活动的个体（作为知识产权人的自然人或法人）依照法律自觉自愿进行，而单个市场主体往往在知识产权的管理与保护问题上缺乏时间和资金，因此，最适合担当知识产权管理和维权角色的是各种关涉知识产权的行业组织，例如，作家协会、制片人协会等。然而，由于我国现阶段尚无法实现结社自由，行政机关往往警惕的审视这些自律组织，不肯将原属于自己的权力交由这些自律组织行使，与此同时，由于我国已经参与到全球化进程之中，对于全球化所提出的市场规则一致的要求，又不得不作出某些妥协，各方博弈的结果使我国的行业自律组织既不像政府机关也不像市场主体，无法按照团体自治规律和成员权法规范建构其内部秩序，团体不是成员的团体，成员也就不把维护自己利益的希望寄托于团体之上，甚至团体自身也成了多余的累赘。正

---

[1] 由于一国的文化又通常体现为习惯、礼仪、伦理规则等内在制度，因此，广义上说国与国之间的竞争就是国家间的制度争胜。参见［德］柯武刚、史漫飞：《制度经济学》，韩朝华译，商务印书馆2000年版，第119～130页。

如学者所说，“为成员服务是团体获得社会合法性和生命力的根本所在，毋庸多说；而为政府服务则有待商榷，即使是理解为协助政府对团体成员的管理进行协调，起到桥梁和纽带作用，也存在着一个前提的假设，即政府是社团生命力的来源。这样落实在实际中，则表现为团体是官办或官控的，这种定位无疑使社团的存在一方面带有天然的依附性，另一方面则与其本来意义上的存在价值——代表成员利益并为成员服务相背离。这种依附性反过来使社团与其成员（和潜在成员）之间难以形成一种信任关系，一方面造成成员（和潜在成员）对社团的怀疑和抵制，另一方面造成社团不得不诉诸“公益性效应”来吸引成员的加入，而这又进一步削弱了社团的生命力，从而形成一种扭曲的社团成员关系。”❶

6. 知识产权法律保护成本高，收益有限，救济手段缺乏

知识产权法律保护成本高的原因是：首先，法律对于知识产权保护的制度设计不够完善，例如我国对于知识侵权行为的制止程序复杂，缺少简单易行的“禁止令”制度，对于广泛存在于商品交易场所内知识侵权行为，缺少商品交易场所承担连带责任的规范等；其次，由于我国民事诉讼法以当事人自行诉讼作为摹本设计，对于当事人聘请律师等费用不计算在当事人损害范围内，这也提高了知识产权法律保护的成本；再次，国内的司法腐败时有发生，司法环境难言良善，这也是知识产权法律保护成本高的重要原因；最后，各地地方保护主义严重，某些地方甚至形成了基于知识侵权的支柱产业，行政机关有着干预司法的种种冲动，司法不独立就成了知识产权法律保护成本高的推手。

---

❶ 褚松燕：“关于互益性社团的‘公益效应’分析”，载《天津社会科学》2003年第5期，第50～54页。

## 三、知识产权保护实践改进的路径

1. 重视具体制度的构建，淡化具体目标的设置，构建知识创新与保护的新蓝图

制定中的《吉林省知识产权战略纲要实施意见》应当淡化知识创新与保护的数量目标，而把关注重点放在吉林省内知识产权保护的短板——制度的缺失与迟滞，重视具体制度构建，在可有作为的范围内，通过颁行地方性法规尽量完善相关制度。例如，我们如果想要增加专利申请的数量、加强专利申请的质量可供适用的制度包括，减少专利申请的成本（降低各个环节收取的费用），增加专利审核的专家数量[1]，完善专利查询系统。如果我们想要保护商标权利人的利益可供适用的制度包括，限制非商标所有人在网上以商标拼音或其他方式注册域名等。如果我们想要鼓励创新，最佳的办法就是以法规的方式将对创新人的奖励制度化，对于以创新为主要工作内容的全额财政拨款单位，可以建立相应的奖惩制度体系等。总之，稳定、连续、简单易行的制度早已被制度经济学家证明是指导人类行为最有效的规则工具。

2. 知识产权执法部门结构调整，构建效率高、行动快的知识产权保护执法体系

自从党的十七大确定以大部制改革为核心的行政机构改革方向以来，我国行政机构已经经历了一轮调整，原有的国家知识产权局并入了科技部，这种做法与韩国 2004 年行政机构变革类似，强调了知识产权与科技创新的关系[2]，向正确的方向迈进了一小

---

[1] 冯晓青："美、日、韩知识产权战略之探讨"，载《黑龙江社会科学》2007 年第 6 期，第 157～161 页；那英、闻雷："日本的知识产权战略——对我国知识产权战略的启示"，载《知识产权》2004 年第 4 期，第 59～64 页。

[2] 姜桂兴："韩国知识产权管理与知识产权战略探析"，载《科技与经济》2005 年第 5 期，第 36 页。

步。然而改革后的行政机构仍然数量过多（现阶段国务院共有职能部门和直属机构共40余个），分工不明，比如国家工商总局在很大程度上与商务部的职权类似，铁道部与交通运输部并列的理由也不充分，因此，长远来看，中央政府机构改革任重而道远。进入21世纪以来，政府的职责更多地倾向于协助能够积极参与市场竞争的小型团体提供公共产品，为符合经济时代鼓励国民创新并为知识创新提供保护和服务的目的，所有有关知识产权执法的职能部门应当统一划归知识产权保护机构，并赋予该保护机构相应的行政执法权限。

3. 加强知识产权保护执法力度，规范执法制度、明晰执法内容、创新执法形式和考评方式

以往政府机构的行政行为多以行政审批为内容，加入世界贸易组织后，随着全球先进制度引入步伐的加快，我国政府机构的主要工作内容必将从行政审批转向市场监管和行政服务。行政机构的工作重心转到市场监管上来，就意味着行政机构应当缩减审批职能部门，增加监管职能部门，加强监管职能部门工作力度，规范这些职能部门的具体执法环节，明确这些职能部门的执法内容。以知识产权保护为例，知识产权局最主要的职能机构应当是执法与监督部门，在人员编制比例、财务经费审批等都应当向执法与监督部门倾斜，要建立合理的知识产权保护行政执法日常化制度，专项执法应当退居次要和辅助的地位，细化执法与监督部门考评标准，充分运用合理的奖励与惩罚措施，鼓励执法与监督部门创新性的运用执法措施，促使执法与监督部门能起到对知识产权保护的最大功用。

4. 强化国民知识创新与保护教育，设置常态化的国民教育课程，对能够自觉维护知识产权的市场主体可以适当奖励

政府应当合理规划知识创新与保护教育花费，减少作用甚微的展板教育、传单教育、知识产权保护日教育，将有限的财政资

源分配给教育部门，修改中小学课本，淡化意识形态教育、强化知识创新与保护等国民意识教育，使这种教育普及化、常态化。并且应当充分利用公司、企业以及慈善机构等市场力量，鼓励民间组织投入到知识创新与保护的教育事业中来，因为这些民间组织最贴近市民生活，使用的教育形式最生动，教育花费的成本最低，最适合进行知识创新与保护的教育工作。此外，对于那些能够自觉行动起来，开展知识产权保护的市场主体，政府可以考虑在一定范围内对其予以奖励。，由于充分利用了个体趋利的特点，其所产生的宣传效果将更大。例如，2010 年初搜狐、优朋、普乐网起诉优酷及可口可乐侵犯知识产权，该案件在国内外引发了巨大轰动，直接推动了各视频网站自行开展整改，撤下关涉知识产权侵权的视频内容。对于这样自觉采取知识产权保护行动的市场主体，在经审理胜诉后，由行政机关对其进行奖励，所产生的教育效果和示范意义要远好于并无实际意义的“××纪念日”宣传活动。

5. 放松互益性团体、自律性组织的管制，将知识产权保护的部分职权交由这些组织行使。

由政府机关直接向公民提供公共物品的劣势，也已经被学者们反复讨论到，造成这种劣势的主要原因有三个：第一，由于现代国家的公民人数较多，公民之间的偏好无法调和，公民的行为结构也无法预测，容易激发成员的道德风险，衍生“搭便车”等行为，国家监督公民采取行动的主要措施即奖励和惩罚的成本过高，效果却甚微；第二，国家提供公共服务依靠的是其代理人，而由于国家监督代理人的成本过高，非常容易导致代理人自我交易、寻租等行为；第三，普遍没有竞争性的提供公共产品容易消磨公民的创新精神，福利国家的失败已经充分证明了这一点。❶

❶ ［德］柯武刚、史漫飞著：《制度经济学：社会秩序与公共政策》，韩朝华译，商务印书馆 2000 年版，第 380～410 页；［美］曼瑟尔·奥尔森：《集体行动的逻辑》，陈郁等译，上海三联书店、上海人民出版社 1995 年版，第 70～72 页。

现代国家已经将公共产品的提供主体转向了一些成员数量不多又有竞争力的小型团体，而行业协会等自律性组织最适合承担这种任务，因此，许多国家都有行业协会负责行业发展的规划，行业规则的制定，从业人员的监管，成员冲突的调解，上文中提到的日本的做法就较为典型。现代中国法治的梗阻之处，正是没有成熟的公民自治，而没有成熟的公民自治恰恰源于没有自由的社团组织。正如韩大元教授所说，“中国当务之急就是要制定一部《自由结社法》，以真正保护公民的结社自由权”[1]。

6. 改进知识产权诉讼制度，降低知识产权保护成本，增加救济渠道，提高救济额度

现有的知识产权诉讼制度中存在的主要问题包括：第一，知识产权民事、行政、刑事审判分散审理削弱了司法保护的整体功能；第二，知识产权民、刑案件审理过程中管辖冲突严重；第三，知识产权确权行政程序复杂；第四，知识产权案件审理中证据制度漏洞较大；第五，知识产权侵权案件中损害额度难以确定；第六，知识产权侵权案件中赔偿范围过于狭窄。解决这些问题，需依靠司法实践者在可掌控的范围内通过拟制等法律技术不断探索，例如，对于分散审判的问题，最高人民法院知识产权庭庭长蒋志培在“中国加入WTO五周年暨WTO法律宣传研讨会”的讲话中就提到了广东法院“三审合一”的体制创新，[2] 再如，对于知识产权中赔偿范围过于狭窄的问题，有些地方法院的判决中已经采纳了将律师费划归知识产权侵权损害范围的意见，这些有益的经验可以经由最高人民法院以判例的方式予以推广，立法机关在相关实践经验成熟时也要及时通过法律法规的制定将成熟的经验推广开来。

---

[1] 章光圆：“论社员权的概念、性质及立法”，载《宁德师专学报（哲学社会科学版）》2005年第4期，第11页。

[2] 曾琳：《我国知识产权司法保护机制的现状和立法构想》，载《经济与法》2007年第6期，第150页。

# 第三部分

# 东北亚五国专利法[1]

## 日本专利法

（1959年4月13日法第121号，
1978年4月26日法第30号最后修订）

### 第一章　总　　则

**第一条**　本法的目的是通过保护与利用发明，鼓励发明，以推动产业的发展。

**第二条**　本法中所称的“发明”是指利用自然规律作出具有高水平技术思想的创作。

本法所称的专利“发明”是指取得专利权的发明。

本法关于发明的“实施”是指下述行为：

（一）在产品的发明方面，生产、使用、转让、出租、转移或者为转让、出租而展示或进口其产品的行为；

（二）关于方法的发明及使用其方法的行为；

（三）关于产品生产方法的发明，除前项所列举者外，使用、转让、出租、转移或者为出租、转让而展示或进口产品的行为。

**第三条**　本法或基于本法令所规定的期限的计算，依照以下

[1] 本书仅收录东北亚五国专利法。

规定：

（一）期限的第一日，不计算在期限内。但其期限从午前零点起始时，不在此限。

（二）以月或年来规定期限时，遵从历书。不从月或年起算期限时，以其最后一月或年的相应起算日前一天的期限为满日。但最后一月无相应日时，以该月最后一日为满期。

当申请专利、请求其他有关专利手续（以下简称“手续”）的期限的结束日为星期日，以及关于国民节假日根据 1948 年法第 178 号规定的 1 月 2 日，1 月 3 日或 12 月 29 日至 12 月 31 日时，以节假日后的翌日为假期的结束日。

**第四条** 专利厅长官为照顾地区遥远或交通不便等情况，根据请求或以其职权，可顺延第五十三条第四款（包括第一百六十一条之三第一款准用的情形），第五十六条（包括第一百六十一条之三第三款准用的情形），第一百零八条第一款或第二款但书、第一百二十一条第一款或第一百二十二条第一款所规定的期限。

审判长为照顾地区遥远或交通不便等情况，根据请求或以其职权，可顺延第一百五十九条第一款（包括第一百七十四条第一款的准用情形）准用的第五十三条第四款或第一百五十九条第三款（包括第一百七十四条第一款准用的情形）或第一百六十五条第一款（包括第一百七十四条第四款准用的情形），准用的第五十六条所规定的期限。

**第五条** 专利厅长官、审判长或审查官，依照本法规定，在已指定应履行手续的期限内，根据请求或以其职权，可顺延其期限。

审判长或审查官，依照本法规定指定日期时，根据请求或以其职权，可变更其期限。

**第六条** 非法人社团或财团，确定其代理人或管理人时，可以其名义履行下述手续：

（一）请求审查申请；

（二）对专利提出异议（包括提出第一百六十五条第一款准用的第五十五条第一款）；

（三）请求第一百二十三条第一款、第一百二十九条第一款或第一百八十四条之十五第一款的审判；

（四）依照第一百七十一条第一款的规定，请求对第一百二十三条第一款、第一百二十九条第一款或第一百八十四条之十五第一款审判的判决决定提出复审。

非法人社团或财团，确定其代理人或管理人时，以其名义可请求对第一百二十三条第一款、第一百二十九条第一款或第一百八十四条之十五第一款审判的判决决定提出复审。

**第七条** 未成年者及禁治产者，未经法定代理人不能履行手续。但未成年者独立后能履行法律行为时，不受此限。

准禁治产人履行手续，须征得保护人的同意。

法定代理人履行手续，当有保护人时，须征得其同意。

准禁治产者或法定代理人，就对方请求的审判或复审而履行手续时，前二款规定不适用。

**第八条** 在日本国内无住址或住处（法人为营业所）者（以下称为“侨居国外者”），除申请第三款的登记及其他政令规定之外，其专利代理人若不注明在日本国内的住址或住处者（以下称为“专利管理人”），不能履行手续或对行政厅依照本法或基于本法令规定所做处理不能提出不服的起诉。

专利管理人除特别授予的权限之外，一切手续及对行政厅依照本法或基于本法令规定所做处理不服提出起诉，可代理本人。

侨居国外者拥有关于专利权者及其他专利的注册权利时，其专利管理人的选任及变更或其代理权及其取消，未经注册不得与第三者对抗。

**第九条** 在日本国内有住址或住所（法人为营业所）者履行

手续所委任的代理人，未获特别授权，不能修改，放弃或撤回专利申请，不能撤回请求、申请或申述，不能请求第一百二十一条第一款或第一百二十二条第一款的审判和选任第二代理人。

**第十条** 履行手续的代理人如不符合第八条第三款规定的代理权，须提出书面证明。

**第十一条** 由履行手续者委任的代理人的代理权，不因本人死亡或由于本人被法人的合并而失效；不因本人完成受委托者的委托任务及法定代理人的死亡或其代理权的变更而失效。

**第十二条** 履行手续者有两名以上的代理人时，分别对专利厅代理本人。

**第十三条** 专利厅长官或审判长认为履行手续者不适合办理其手续时，有权令其代理人办理手续。

专利厅长官或审判长认为履行手续者的代理人不适合办理其手续时，有权令其改任代理人。

专利厅长官或审判长遇有前两款情形时，有权命令代办人作为代理人。

专利厅长官或审判长依照第一款或第二款之规定下达命令后，对办理第一款手续者或第二款的代理人对专利厅办理的手续有权判为无效。

**第十四条** 两人以上共同履行手续时，对专利申请的变更、放弃及撤回，请求申请或申诉的撤回，以及请求第一百二十一条第一款或第一百二十二条第一款审判以外的手续，各人将代表全员。但在确定代表人呈报专利厅时，不在此限。

**第十五条** 对侨居国外人的专利权及其他有关专利的权利，有专利管理人和无专利管理人时，分别将其住址或住所和专利厅所在地视为民事诉讼法（1900 年法第 29 号）第八条的财产所在地。

**第十六条** 对未成年者（已独立并能履行法律行为者除外）

或禁治产者办理的手续，可由法定代理人（本人取得手续能力时，应由本人）追认。

对无代理权者办理的手续，可由具有办理手续能力的本人或法定代理人追认。

对准禁治产者未经保护人同意而办理的手续，经保护人同意可追认。

在有保护人的情况下，法定代理人未经其同意办理的手续，由保护人同意的法定代理人或取得履行手续能力的本人可追认。

**第十七条** 履行手续者，仅限于向专利厅起诉案件的情况下，才可进行补充和修正。但自专利申请日〔依照第四十三条第一款规定要求优先权的专利和申请，最初申请或依照巴黎公约（指 1900 年 12 月 14 日在布鲁塞尔，1911 年 6 月 2 日在华盛顿，1925 年 11 月 6 日在海牙，1934 年 6 月 2 日在伦敦，1958 年 10 月 31 日在里斯本，1967 年 7 月 14 日在斯德哥尔摩几经修订的关于保护工业产权的 1883 年 3 月 20 日巴黎公约，下同）第四条 C 之（4）规定被视为最初申请的申请日或依照同条 A 之（2）规定被承认为最初申请的申请日。同下一条及第六十五条之二第一款〕起一年三个月后公布申请决定的副本送达之前，应公布申请决定及公布请求决定的副本送达之后，除依照下一条，第十七条之三及第六十四条〔包括第一百五十九条第二款及第三款（包括第一百七十四条第一款准用的情形）及第一百六十一条之三第二款及第三款准用的情形〕之规定可以补充和修正外，均不可进行补正。

专利厅长官、审判长对下述情形应指定相当的期限，可令其办理补充和修正手续：

（一）当手续违反第七条第一款至第三款或第九条之规定时；

（二）当手续违反本法或基于本法令决定的方式时；

（三）未缴纳依照第一百九十五条第一款或第二款规定应缴

纳的手续费时。

依照前两款规定进行补充缴纳手续费除外时，必须提出手续补正书。

**第十七条之二** 专利申请人自专利申请日起一年三个月之后应公布申请决定的副本送达前，仅在下述情形下，可就申请书所附详细说明书或图纸作补充。

（一）专利申请人请求审查专利时与请求审查专利同时进行补正时；

（二）依照第四十八条之五第二款规定收到通知时与收到其通知起三个月以内进行时；

（三）依照第五十条包括（第一百五十九条第二款相同）规定收到通知的情况下，依照第五十条之规定所指定的期限内进行时；

（四）请求第一百二十一条第一款的审判，自请求审判之日起三十日以内进行时。

**第十七条之三** 公布申请后按应驳回接受审定的专利申请人，在请求第一百二十一条第一款的审判时，限于自请求审判之日起三十日以内，可就其审定理由所示事项，申请书所附详细说明书或图纸作补充，但其补充只限于以下述事项为目的：

（一）压缩专利请求范围；

（二）订正笔误；

（三）申明不明确的记载。

第一百二十六条第二款的规定，准用于前款附则的情形。

**第十八条** 专利厅长官对依照第十七条第二款规定应补正手续者未在同款规定的指定期限内补正，或对专利权登记者未在第一百零八条第一款或第二款附则所规定的期限内缴纳专利费时，可视其手续为无效。

专利厅长官对依照第十七条第二款规定应缴纳第一百九十五

条第二款规定的手续费的专利申请人未在第十七条第二款规定的指定期限内缴纳手续费时，该专利申请无效。

**第十九条** 申请书或依照本法及基于本法令规定向专利厅提交的文件及其他物件，在规定提出期限内通过邮局提交时，依邮件的邮戳作为专利厅收到日期。当邮件的通信邮戳所表示的日期清晰时以此为专利厅收到时；邮件的邮戳日期中只有日期清晰而时刻不清晰时，以其所示日期的午后十二时，视为到达专利厅收到申请书或物件的日期。

**第二十条** 专利权及有关其他专利权的手续效力，可达到其专利及其他有关专利权利的继承人。

**第二十一条** 专利厅长官或审判长在专利厅正在进行起诉案件的场合，发生专利权及其他有关专利的权利移交时，准许专利权及其他有关专利的权利的继承人继续办理与案件有关的手续。

**第二十二条** 专利厅长官或审判官在专利审定或审理决定的副本送达之后中断手续继承的申述，必须作出是否准许继承的决定。

前款决定必须有文件且附交其所申述的理由。

**第二十三条** 专利厅长官或审判官对中断或中止的审查、审判或应继承复审手续者疏忽其继承时，必须依据申述或职权命令其在指定的期限内继承。

专利厅长官或审判官在前款规定的指定期限内不继承时，可视为在此经过的期限内已有继承。

专利厅长官或审判长依前款规定视为已有继承时，必须将其旨意通知当事人。

**第二十四条** 民事诉讼法第二百零八条、第二百零九条第一款、第二百一十条、第二百一十一条、第二百一十二条第一款、第二百一十三条至第二百十七条、第二百十八条第一款、第二百二十条、第二百二十一条及第二百二十二条第二款（诉讼手续的中断或中止）的规定，准用于审查、审判或复审的手续。在这样的情形下，民事诉讼法第二百一十三条“诉讼代理人”可用“由审查、审判或复审委任的代理人”代替，同法第二百一十七条中的“法院”可用专利厅长官或审判长来代替，同法第二百一十八条第一款及第二百二十一条中的“法院”可用“专利厅长官或审判官”来代替，同法第二百二十条中的“法院”可用“专利厅”来代替。

**第二十五条** 在日本国内无住址或住所（法人为营业所）的外国人，除符合以下各款之一者外，可享有专利权及其他有关专利的权利：

（一）所属国对日本国民承认与该国民在同一条件下享有专利及其他有关专利的权利时；

（二）日本国对其国民承认享有专利权及其他有关专利的权利时，所属国承认日本国民与该国民在同一条件下享有专利权及其他有关专利的权利时；

（三）条约中另有规定时。

**第二十六条** 对于专利，条约另有规定时，依其规定。

**第二十七条** 下述事项须向专利厅的专利总账登记：

（一）专利权的设立、转让、消失或处理的限制或依照第七十五条第一款规定的专利权之变更；

（二）专用实施权或通常实施权的设立、保持、转让、变更、消失或处理的限制；

（三）专利权、专用实施权或以通常实施权为目的的抵押权之设立、转让、变更、消失或处理的限制。

专利总账的全部或其部分可用磁带（包括用此方法能把一定事项确实记录保存之物，下同）调制。

除本法规定之外，有关登记的必要事项由政令规定。

**第二十八条** 专利厅长官对专利权的设立已登记或在申请书

中所附说明书或图纸订正的判决确定后已有登记时，向专利权者发放专利证。

关于申请专利证的再次发放，由通商产业省令规定。

## 第二章　专利及专利申请

**第二十九条**　凡提出在工业上可利用之发明的人，除下述发明外，其发明可获得专利：

（一）申请专利之前在日本国内已公开的发明；

（二）申请专利之前在日本国内已被公开实施的发明；

（三）申请专利前在日本国内或在外国刊物上已有记载的发明。

申请专利之前，具备该发明所属技术领域的普通知识者记载于前各款中的发明，能容易实现发明时，不拘同款的规定如何，不能取得专利。

**第二十九条之二**　专利申请有关的发明为该专利申请之前的其他专利申请或实用新设计申请并与该专利申请后的公告申请者或公开申请的申请书，最初所附清单或图纸所记载的发明或设计（当提出其发明或设计者与该专利申请的发明有关的发明者为同一人时，其发明或设计除外）相同时，不拘前条第一款之规定，对该发明可授以专利。但，申请该专利时，其申请人与其他专利申请或实用新设计申请人为同一人时，不受此限。

在专利申请日前的其他专利申请或实用新设计申请为第一百八十四条之三第二款的国际专利申请或实用新设计法（1959年法第123号）第四十八条之三第二款的国际实用新设计申请（包括依照第一百八十四条之十六第四款或同法第四十八条之十四第四款规定可视为专利申请或实用新设计申请的国际申请）时，前款规定的适用如下：同款中“或申请公开”是指“申请公开或1970年6月19日于华盛顿拟订的专利合作条约第二十一条规定的国际公开”，“申请书最初所附清单或图纸所记载的发明或设计”，是指“第一百八十四条之四第一款或实用新设计法第四十八条之四第一款的国际申请日〔依第一百八十四条之十六第四款或同法第四十八条之十四第四款的规定可视为专利申请或实用新设计申请的国际申请（以下此项称为“视为国际申请”）时，可认为第一百八十四条之十六第四款或同法第四十八条之十四第四款规定的国际申请日之日，以下称为“国际申请日”〕的国际申请的清单，请求的范围或图纸（当第一百八十四条之四第一款或同法第四十八条之四第一款的外国语专利申请或外国语实用新设计申请时，在国际申请日，这些文件及这些文件的第一百八十四条之四第四款或同法第四十八条之四第四款的申请译文；用外语写成的国际申请，在国际申请日，这些文件及依第一百八十四条之十六第二项或同法第四十八条之十四第二款之规定提出的这些文件的译文）所记载的发明或设计”。

**第三十条** 有权取得专利者，经考试进行实验并在刊物上发表的发明，或在专利厅长官指定的学术团体举办的研讨会上发表的论文符合第二十九条第一款各项之一的发明，当该发明者自相当之日起六个月以内提出专利申请时，视该发明为不适用于同款各项之规定。

违背有权取得专利者的意图，对符合第二十九条第一款各项之一的发明，有人在自相当之日起六个月以内提出专利申请时也与前款同样。

对有权取得专利者，在政府或地方公共团体（以下称为“政府”等）举办的博览会，或专利厅长官指定的举办的博览会展出的发明；在巴黎条约同盟国政府或取得其许可者举办的国际性博览会，或者专利厅长官指定的在巴黎条约同盟国以外的国家取得其政府或其许可而举办的国际性博览会展出的发明，符合第二十九条第一款各项规定之一的，自该日起六个月以内，该发明者提出专利申请时，也与第一项同样。

对于专利申请的有关发明，适合取得第一款或前款规定者，在申请专利时必须将记载其要点的文件，在专利申请之日起三十日以内向专利厅长官提出该专利申请有关的发明，并符合第一款或前款规定的发明的书面证明。

**第三十一条** 专利权者对于下述发明代替独立的专利、可取得追加专利：

（一）将构成有关专利发明不可缺少的事项之全部或主要部分作为其构成事项之主要部分的发明，并达到与该专利发明同一目的者；

（二）当专利发明为产品的专利发明时，生产其产品的方法的发明、产品使用方法的发明、生产其产品的机械、器具、装置及其他产品的发明或专门利用其产品特性的产品之发明；

（三）当专利发明为方法的专利发明时，对于其方法的实施直接使用的机械、器具、装置及其他产品的发明。

**第三十二条** 下述发明，不拘第二十九条的规定如何不能授以专利：

（一）依据核转换方法制造的物质的发明；

（二）有害于公共秩序，良好的习俗或公共卫生的发明。

**第三十三条** 专利的权利，可以转让。

专利权不得用作抵押。

专利权共有时，共有者一方未经他方同意，不得转让其所持部分。

**第三十四条** 关于专利申请之前的专利权的继承、其继承人若不提出专利申请时，不能与第三者对抗。

关于从同一者处继承的同一专利的权利，若在同一日出现两个以上的专利申请，经专利申请人协商决定以外的人继承，不能与第三者对抗。

关于从同一者处继承的同一发明及设计的专利权以及关于实用新设计权，若在同一日出现专利申请及实用新设计申请时，也与前款规定相同。

申请专利后，专利权的继承除继承及其他的一般继承之外，若不向专利厅长官申报，则不生效。

若有专利权的继承及其他一般继承时，继承人必须立即将其旨意向专利厅长官申报。

关于从同一者处继承的同一专利权的继承，若在同一日出现两个以上的申报时，由申报者协商决定的以外的人的申报，不生效。

第三十九条第七款及第八款的规定，准用于第二款、第三款及前款。

**第三十五条** 使用者、法人、国家或地方公共团体（以下称为“使用者等”）的从业人员、法人的职员、国家公务人员或地方公务人员（以下称“工作人员”等）在其性质上属于使用者等的业务范围，而且完成发明的行为属于使用者等工作人员现在或过去职务的发明（以下称为“职务发明”），专利、或继承职务发明专利权者取得其发明专利时，对其专利权拥有实施权。

对于从业人员等作出的发明，除其发明为职务发明外，预先规定的授以使用者专利权或继承专利权或者为了使用者设定专用实施权的合同、工作规章用其他所定条款无效。

从业人员等根据合同、工作规章及其他规定，就职务发明授以使用者等专利权或继承专利权，或者为了使用者等设定专用实施权时有获取相当的等价报酬权利。

前款的等价报酬额，必须根据使用者等用其发明应得的利益以及使用者等为发明所作出的贡献程度而定。

**第三十六条** 凡拟取得专利者，必须向专利厅长官提出记载下述事项的申请书：

（一）专利申请人的姓名或名称及住址或住所，若申请人为法人时注明代表人姓名；

（二）提出的年月日；

（三）发明的名称；

（四）发明者的姓名及住所或住址。

申请书必须附记下述事项的明细书及必要的图纸：

（一）发明的名称；

（二）图纸的简单说明；

（三）发明的详细说明；

（四）专利请求的范围。

凡拟取得追加专利时，明细书上必须记载拟取得追加专利的发明的追加关系。

在第二款第三项的发明详细说明中，必须记载该发明所属技术领域具有通常知识者容易实施的程度、发明的目的、结构及效果。

在第二款第四项的专利请求范围中，必须在发明的详细说明中记载发明构成所不可缺少的事项。但也可一并记载该发明的实施情况。

依据前款规定的专利请求范围，必须按通商产业省令之规定记载。

**第三十七条** 授予专利的权利系共有时，如果共有者不能与其他共有者协作，则不能申请专利。

**第三十八条** 专利申请必须按每一项发明提出。但即使是两项以上的发明，对专利请求范围所记载的一项发明（以下称为“特定发明”）而具有下述关系的发明，可用与特定发明同一申请书申请专利：

（一）以构成特定发明不可缺少事项的全部或主要部分作为其构成不可缺少事项的主要部分的发明，并达到与该特定发明同一目的者；

（二）当特定发明为产品的发明时，生产该产品的方法的发明、产品使用方法的发明、生产该产品的机械、器具、装置及其他产品的发明或专门利用该产品特性的产品的发明；

（三）当特定发明为方法的发明时，关于该方法实施直接使用的机械、器具、装置及其他产品的发明。

**第三十九条** 对于同一发明，在不同日期提出两件以上的专利申请时，由最先提出专利申请的人可取得发明专利。

对于同一发明在同一日期提出两件以上的专利申请时，只能由专利申请人协商决定一个专利申请人领取发明专利。若协商不成立，或不能协商时，各方均不能取得发明专利。

当专利申请有关的发明与实用新案设计申请相同，又在同日期提出专利申请及实用新案设计申请时，只能在专利申请人中先就实用新案设计的申请人提出申请取得发明专利。

当专利申请有关的发明与实用新设计权的非发明者或设计者提到的专利申请或实用新案设计申请相同，若在同一日期提出该专利申请及实用新案设计申请时，只能由申请人协商决定一个人取得专利或实用新案设计。若协商不成立，或不能协商时，专利申请人不能就其发明取得专利。

专利申请或实用新案设计申请被撤回，或无效时，该专利申请或实用新案设计申请，适用前四款规定时将视为根本不存在。

不继承专利权或实用新案设计申请，适用第一款至第四款规定的，将视为非专利申请或实用新设计申请者。

专利厅长官对第二款或第四款，必须指定相当期限，通知申请人申报第二款或第四款的协商结果。

专利厅长官对在前款规定的指定期限内不能提出同款规定的报告时，将视为未达成第二款或第四款的协商。

**第四十条** 对于申请书所附明细书或图纸，在申请公告要旨的决定副本送达之前的补充修正需变更这些要旨以及专利权设定登记后被承认时，该专利申请可作为对其补充修正提出补充修正手续书时的申请。

**第四十一条** 在申请公告的要旨决定的副本送达之前，在申请书上最初附加的明细书或图纸中记载之事项的范围内进行增减或变更补充，视为未变更明细书的要旨。

**第四十二条** 对于申请书所附明细书或图纸，在申请公告要旨的决定的副本送达之后所做的补充，在专利权设定的登记后被认为违反第十七条之三或第六十四条〔包括第一百五十九条第二款及第三款（包括第一百七十四条第一款的援用）以及第一百六十一条之三第二款及第三款的援用〕的规定时，可视为未做补充的专利申请下达。

**第四十三条** 依照巴黎条约第四条 D（1）的规定，对于专利申请拟提出优先权者，必须同时向专利厅长官提出专利要旨以及最初提出申请或依同条 C（4）规定被视为已提出最初申请或依同条 A（2）的规定被视为已提出最初申请而记载有巴黎条约同盟国的国名及申请年月日的书面文件和专利申请。

依前款之规定主张优先权者，必须将最初提出的申请或依巴黎条约第四条 C（4）的规定被视为已提出最初申请或依同条 A（2）的规定被承认为最初提出的申请而记载在巴黎条约同盟国认为的申请年月日的书面文件、发明的明细书及图纸的副本或由该同盟国政府发行的具有同样内容的公报或证明书，自专利申请之日起三个月以内向专利厅长官提出。

依第一款的规定主张优先权者，必须将最初申请或依巴黎条约第四条 C（4）的规定被视为最初申请或记载有依同条 A（2）的规定被承认为最初申请而附有号码的书面文件连同前款规定的文件一并向专利厅长官提出。但在提出同款规定的文件之前无法得知其号码时，须提出代替记载其理由的书面文件，当得知其号码时，必须立即提出记载其号码的书面材料。

依第一款规定主张优先权者未按第二款规定的期限提出同款规定的文件时，将失掉其优先权的主张。

**第四十四条** 专利申请人就申请书附加的明细书或图纸进行补充时或在限期内，可将包含两项以上发明的专利申请之一部分分成一项或两项以上的新的专利申请。

根据前款，新的专利申请可视为原专利申请时的申请。但新的专利申请对于第二十九条之二规定的其他专利申请或适用实用新设计法第三条之二规定的专利申请，适用这些规定及第三十条第四款及前条第一款及第二款的规定者不在此限。

**第四十五条** 专利申请人可以将追加的专利申请变更为独立的专利申请。

依前款规定的专利申请的变更，不得在专利申请的审核或确定审理决定之后进行。

专利申请人可以将独立的专利申请变更为追加的专利申请。

依前款规定的专利申请的变更，不得在专利申请的旨意及申请公告决定的抄本送达之后进行。

依第一款或第三款规定的专利申请变更时，可视为撤回原专利申请。

前条第二款的规定，准用于依第一款或第三款规定的专利申请的变更。

**第四十六条** 实用新设计申请人可以将其实用新设计申请变更为专利申请。但，从该实用新设计申请拒绝要旨的最初审核抄本送达之日起经过三十日后或从该实用新设计申请之日起经过七年之后（从实用新设计申请拒绝要旨的最初审核抄本送达之日起三十日以内的期限除外）不在此限。

图案设计登记申请人可以将其图案设计登记申请变更为专利申请。但从该图案设计登记申请的拒绝旨意的最初审核抄本送达之日起三十日后或从该图案设计登记申请之日起经过七年之后（从图案设计登记申请拒绝旨意的最初审核抄本送达之日起三十日以内的期限除外）不在此限。

第一款附则规定的三十日期限，依实用新设计法第五十五条第一款准用的该法第四条第一款的规定延长实用新设计法第三十五条第一款所规定的期限时，其延长的期限为法定延长期。

第二款附则规定的三十日期限，依对图案法（1959 年法第 125 号）第六十八条第一款准用该法第四条第一款的规定延长图案法第四十六条第一款所规定的期限时，其延长的期限为法定延长期。

第四十四条第二款及前条第五款的规定，准用于依第一款或第二款之规定申请的变更。

## 第三章　审　　查

**第四十七条**　专利厅长官必须令审查官审查专利申请及对专利提出的异议。

审查官的资格按政令规定。

**第四十八条**　第一百三十九条第一项至第五项及第七项的规定，准用于审查官。

**第四十八条之二**　专利申请的审查，须等待提出对该专利申请审查请求再进行。

**第四十八条之三**　提出专利申请时，任何人均可在自申请之日起七年内，向专利厅长官请求对该专利申请进行申请审查。

对于依据第四十四条第一款规定与分案专利申请有关的新的专利申请，依据第四十五条第一款或第三款或第四十六条第一款或第二款之规定及与修改申请有关的专利申请或第五十三条第四款〔包括第一百五十九条第一款（包括第一百七十四条第一款的援用）及第一百六十一条之三第一款的援用。下同〕所规定的新的专利申请而又提出记载愿接受第五十三条第四款规定旨意的文件，即使前款的期限过后，限对该专利申请的分案申请，申请的变更或书面文件提出之日起三十日以内，可请求申请审查。

申请审查的请求不得撤回。

依据第一款或第二款之规定在可请求申请审查的期限内不请求申请审查时，可视为撤回申请。

**第四十八条之四** 拟请求申请审查者，必须向专利厅长官提出记载下述事项的请求书：

（一）请求人的姓名或名称及住所或住址，若请求人为法人时，其代表者的姓名；

（二）提出的年月日；

（三）与请求申请审查有关的专利申请的表示。

**第四十八条之五** 在专利厅长官公布申请之前提出申请的请求时，在公布申请时或公布申请后立即提出申请审查的请求时，必须不延误地将其要旨登载于专利公报。

专利厅长官对非专利申请人提出申请审查的要求时，必须将其旨意通知给专利申请人。

**第四十八条之六** 专利厅长官在申请公开后申请公告前认为非专利申请人以实施有关专利申请的发明为业而如有必要时，可以令审查官将该专利申请优先于其他专利申请进行审查。

**第四十九条** 当专利申请符合以下各款之一时，审查官应拒绝对该专利申请的要旨进行审查：

（一）有关专利申请的发明依第二十五条、第二十九条、第二十九条之二、第三十一条、第三十二条、第三十七条或第三十九条第一款至第四款的规定不能得到专利权时；

（二）有关专利申请的发明依条约规定不能得到专利权时；

（三）专利申请不完全具备第三十六条第四款至第六款或第三十八条规定的必要条件时；

（四）当专利申请人为非发明者，没有继承该发明的专利权时。

**第五十条** 审查官进行拒绝旨意的审查时，必须向专利申请人通知拒绝的理由并指定相应的期限，给予提出意见的机会。

**第五十一条** 审查官对专利申请未发现拒绝的理由时，必须作出申请公告要旨的决定。

专利厅长官有必要发出申请公告要旨的决定时，必须将决定的抄本送给专利申请人之后，发出申请公告。

申请公告须将下述事项登载于专利公报：

（一）专利申请人的姓名或名称及住址或寓所；

（二）专利申请的号码及年月日；

（三）发明者的姓名及住址或寓所；

（四）在申请书上附加的明细书记载的事项及图纸的内容；

（五）申请公告的号码及年月日；

（六）除前各款所述之外的其他必要事项。

专利厅长官必须在申请公告之日起两个月内，在专利厅提供公众阅览的申请文件及其他附属物件。

**第五十二条** 专利申请人在申请公告发出后，可实施有关专利申请的发明为业的专有权利。

第一百条至第一百零六条的规定，准用于前款的权利。

在申请公告发出后专利申请被放弃撤回或被判无效时，对专利申请确定拒绝要旨审核或审理决定，依第一百一十二条第四款的规定，被视为当初就不存在专利权时，或除第一百二十五条附则的情况外确定使专利无效的审理决定时，第一款的权利，视为自始未生效。

拥有第一款权利的人行使该权利者，当该专利申请被放弃、被撤回或被判无效，或对该专利申请确定拒绝要旨的审核或审理决定时，有关人员应因行使该权利而给对方造成的损害进行赔偿。针对该专利申请的申请书附加的明细书或图纸所做的补充，或因补充的驳回而在专利权设定的登记时属于未包括在专利请求范围内的发明，也视为无效。

**第五十二条之二** 当有关对侵犯前条第一款权利提出诉讼或申请临时查封或临时处分的场合，认为有必要时，法院依申诉或利用职权，有权在专利申请确定审核或审理决定的全过程中中止该诉讼手续。

对于有关前款的申诉的决定，不得不服申诉。

法院在中止的理由消除时及其他事项变更时，有权取消第一款的决定。

**第五十三条** 关于申请书附加的明细书或图纸在须申请要旨的公告决定的抄本送达以前拟作出补充或改变其要旨时，审查官必须决定驳回其补充。

依前款规定驳回的决定，必须行文而且附上理由。

依第一款规定进行驳回决定时，自决定的抄本送达之日起三十日内，不得对该专利申请进行审核（申请公告要旨决定前依第一款规定驳回决定时，申请公告要旨的决定或拒绝的审核）。

专利申请人依第一款规定驳回决定的抄本送达之日起三十日以内对该补充后的发明提出新的专利申请时，可视该专利申请的补充提出补充手续书。但适用于专利申请第二十九条之二规定的其他专利申请或实用新设计法第三条之二规定的专利申请者不在此限。

当有前款规定的新的专利申请时，原有专利申请即撤回。

前二款的规定，限于专利申请人就第四款规定的新的专利申请将记载在接受同款规定的书面材料与该专利申请同时向专利厅长官提出时，方可适用。

审查官在专利申请人对依第一款规定的驳回决定要求按第一百二十二条第一款审判时，在其审判的审理决定确定之前必须中止审核该专利申请。

**第五十四条** 关于申请书附加的明细书或图纸，在须申请要旨公告决定的抄本送达后作出的补充在审核前被认为违反第六十四条规定时，审查官必须决定驳回其补充。

依前款的规定驳回的决定，必须行文而且附上理由。

对于依第一款规定驳回的决定，不得不服。但请求按第一百二十一条第一款的审判，不在此限。

**第五十五条** 发出申请公告时，任何人都可自当日起两个月以内，向专利厅长官申诉对专利异议。但其理由为该专利申请的发明符合第三十一条各项所述的发明或该专利申请未满足第三十六条第六款或第三十八条规定的必要条件时不能对专利申诉异议。

若要对专利申诉异议，必须提出记载其理由及表示必要证据的专利异议申诉书。

**第五十六条** 专利异议申诉人在超过前条第一款规定期限的三十日以后，不得对专利异议申诉书记载的理由或表示的证据进行补充。

**第五十七条** 当提出专利异议申诉时，审查官必须将专利异议申诉书的副本送给专利申请人，并指定相应的期限，予以指出答辩书的机会。

**第五十八条** 审查官依第五十六条规定可就专利异议申诉书进行补充的期限及依前条规定指定期限超过后，对该专利异议申诉作出决定。

前款决定必须行文并附上理由。

根据第一款决定，专利厅长官必须将决定的抄本送给专利异议申诉人。

对于第一款的决定，不得提出不服。

**第五十九条** 第一百四十六条、第一百五十条、第一百五十一条、第一百六十九条第三款至第六款及第一百七十条的规定，准用于对专利异议申诉的审查。

**第六十条** 审查官在作出第五十八条第一款的决定之后，必须对该专利申请进行准予专利权的审查或拒绝的审查。

**第六十一条** 审查官在有两份以上的专利异议申诉的情况下，对其中一份专利异议申诉审查结果就该专利异议申诉决定进行拒绝审查时，不论第五十八条第一款规定如何，对其他专利异议申诉，不需要作出同款决定。

专利厅长官依前款规定不需要作出第五十八条第一款的决定时，必须对该专利异议申诉人递送拒绝审查的抄本。

**第六十二条** 审查官在第五十五条第一款规定的期限内专利异议申诉不成立时，除拒绝的审查外，必须对该专利申请进行准予专利权的审查。

**第六十三条** 审查必须行文并附上理由。

在审查时，专利厅长官必须将审查的抄本送给专利申请人。

**第六十四条** 专利申请人在申请公告要旨的决定抄本送达之后，接到依第五十条规定的通知时，或有专利异议申诉时，限于同条或依第五十七条规定在指定的期限内，就其拒绝的理由或专利异议申诉事项，可以对申请书附加的明细书或图纸进行补充，但其补充只限于以下述事项为目的：

（一）缩减专利请求的范围；

（二）订正笔误；

（三）声明不清晰的记载。

第一百二十六条第二款的规定，准用于前款附则。

**第六十五条** 审查上有必要时，确定审理决定或诉讼手续完结之前有权中止该手续。

在诉讼上有必要时，在确定审查之前法院有权中止该诉讼手续。

## 第三章之二 申请公开

**第六十五条之二** 专利厅长官在自专利申请之日起经一年六个月后，除已发布的申请公告外，必须对该专利申请进行申请公开。

申请公开须将下述事项登载于专利公报：

（一）专利申请人的姓名或名称及住址或寓所；

（二）专利申请的号码及年月日；

（三）发明者的姓名及住址或寓所；

（四）申请书附加的明细书上记载的事项及图纸的内容（专利厅长官认为登载在专利公报上恐有害于公共秩序或良好道德风俗的除外）；

（五）申请公开的号码及年月日；

（六）除前项以外的必要事项。

**第六十五条之三** 专利申请人在申请公开后出示记载有关专利申请发明内容的书面材料提出警告时，对于在警告后申请公告前以实施为业的发明者，如该发明为专利发明，可以请求支付相应的通常接受的补偿金。即使在未提出该警告的情况下，对于已知有关申请公开的专利申请的发明在申请公告前以实施发明为业者，也可同样处理。

依前款规定的请求权，若不在该专利申请的申请公告之后，则不得行使。

依第一款规定的请求权的行使，不妨碍第五十二条第一款（包括第一百五十九条第三款、第一百七十四条第一款及第一百六十一条第三款的援用）的权利及专利权的行使。

第五十二条第三款及第四款、第五十二条之二、第一百零一条、第一百零四条以及第一百零五条以及民法第七百一十九条及第七百二十四条（不法行为）的规定，准用于依第一款规定行使请求权的情况。在此情况下，拥有该请求权的人在专利申请的申请公告前得知实施有关该专利申请的发明的事实及其实施人时，不将民法第七百二十四条中的“被害人或其法定代理人得知损害及加害者时”，改读为“该专利申请的申请公告之日”。

## 第四章 专利权

### 第一节 专利权

**第六十六条** 专利权根据设定的登记而产生。

依第一百零七条第一款的规定自第一年至第三年止缴纳各年份的专利金或免除、缓期缴纳时，进行专利权的设定登记。

当进行前款登记时，必须将专利权者的姓名或名称及住址或寓所，专利号码以及设定的登记年月日登载于专利公报。

**第六十七条** 专利权的存续期限，自申请公告之日起不得超过二十年。

依第四十条或第五十三条第四款〔包括第一百五十九条第一款（包括第一百七十四条第一款的援用）及第一百六十一条之三第一款的援用〕的规定被视为专利申请是在提出补充手续书时提出的，前款附则的二十年，不论同款附则的规定如何，自原有的专利申请之日的翌日算起。

依第七十五条第一款的规定追加的专利权成为独立的专利权时，该独立专利权的存续期限为原专利权的残存期限。

**第六十八条** 专利权者拥有实施以专利发明为业的权利。但就其专利权设定专用实施权时，对于专用实施权者专有的实施及其专利发明的范围，不在此限。

**第六十九条** 专利权的效力，不涉及目的在于试验或研究的专利发明的实施。

专利权的效力，不涉及下述物品：

（一）仅仅是通过日本国内的船舶或航空飞机或它们所使用的机械、器具、装置及其他物品；

（二）自专利申请之时起日本国内已有的物品。

靠混合两种以上的药品（指用于治疗诊断、处置或预防。下同）制造新药品的发明或有关制造方法的发明的专利权的效力，不涉及依靠医师或牙科医师的药方调剂的方法及医师或牙科医师的药方调剂的药品。

**第七十条** 专利发明的技术性范围，必须基于申请书附加的明细书的请求专利范围的记载作出决定。

**第七十一条** 对于专利发明的技术性范围，可以向专利厅要求判定。

根据前款规定提出要求时，专利厅长官必须指定三名审判官进行判定。

除前款规定外有关判定的手续，按政令规定。

**第七十二条** 专利权者、专用实施权者或通常实施权者，在该专利发明属于利用有关专利申请之日前申请的他人的专利发明、实用新设计或图案或类似的图案者，或者该专利权与有关该专利申请之日前的图案登记申请的他人的图案权抵触时，不得以此为业实施该专利发明。

**第七十三条** 专利权系共有时，各共有者未经其他共有者的同意，不得转让自己拥有的部分或以此为目的而设定抵押权。

专利权系共有时，各共有人以合同另作规定的情况除外，可以不经其他共有人的同意而实施该专利发明。

专利权系共有时，各共有人未经其他共有人的同意，不得对该专利权设定专用实施权或者对他人许诺通常实施权。

**第七十四条** 专利权因转让或因存续期限期满而被取消，该专利权具有追加的专利权时，其追加的专利权将随该专利权而转让或消失。

**第七十五条** 在专利权被判无效或因放弃或依第一百一十二条第三款规定专利权被取消的情况下，该专利权具有追加的专利权时，当追加的专利权判为无效的审理决定确定或者专利权被放弃或超过其期限时，成为独立的专利权。

根据前款，当有关追加的专利权成为独立的专利权时，追加的专利权，则变为已独立的追加专利权。

**第七十六条** 在民法第九百五十八条的期限内无人主张继承权利时，专利权就自行取消。

**第七十七条** 专利权者就其专利权设定专用实施权。

专用实施权者在以设定行为规定的范围内，专有实施该专利发明的权利。

当与实施的事业一起进行，并在取得专利权者的承诺以及继承的情况下，专用实施权可以转让。

专用实施权者在取得专利权者承诺的情况下，可以对该专用实施权设定抵押权或者对他人许诺通常实施权。

第七十三条的规定，准用于专用实施权。

**第七十八条** 专利权人可以就其专利权对他人许诺通常实施权。

通常实施权者依法律规定或在以设定行为规定的范围内，拥有实施以该专利发明为业的权利。

**第七十九条** 因不知有关专利申请的发明内容而自己发明，或因不知有关专利申请的发明内容而从发明人处得知后成为已有，在专利申请之时，日本国内从事实施该发明的事业或准备从事该发明的事业者，在其实施或准备实施发明及事业目的的范围内，对于有关该专利申请的专利权拥有通常实施权。

**第八十条** 符合以下各项之一者，在请求第一百二十三条第一款或第一百八十四条之十五第一款，或实用新设计法第三十七条第一款或第四十八条之十一第一款之审判请求登记前，不知道专利或实用新设计符合第一百二十三条第一款各项之一，或第一百八十四条之十五第一款，或实用新设计法第三十七条第一款各项之一，或第四十八条之十二第一款所规定的必要条件，在日本国内从事实施该发明或研究事业者或准备从事该发明的事业者，在其实施或准备实施发明或研究及事业目的的范围内，使该专利权或专利中，或者实用新设计无效之时，对现存专用实施权拥有通常实施权：

（一）对同一发明的两项以上的专利，在其中之一项为无效情况下的原专利权者；

（二）在有关的发明与实用新设计的研究相同时，使实用新设计在无效情况下的原实用新设计权者；

（三）对于同一发明的无效专利，正当权利者提出专利的原专利权人；

（四）对于实用新设计无效与该研究相同的发明，正当权利人在提出批准专利情况下的原实用新设计权人；

（五）在前四项所述的情况下，请求第一百二十三条第一款或者第一百八十四条之十五第一款或实用新设计法第三十七条第一款或者第四十八条之十二第一款之审判登记时，对于有关无效专利之专利权的专用实施权或专利权，或者对于专用实施权具有第九十九条第一款效力的通常实施权或对于有关无效实用新设计之实用新设计权的专用实施权，或者该实用新设计权或者具有准用于专用实施权的实用新设计法第十九条第三款的本法第九十九条第一款效力的通常实施权的拥有者。

专利权者或专用实施权者，拥有依前款规定从通常实施权拥有者处接受相应价款的权利。

**第八十一条** 在专利申请日前，或与同日的图案登记申请之图案权和有关专利申请的专利权抵触的情况下，图案权的存续期满时，原图案权人在原图案权的范围内，对于专利权或图案权的存续期满时现存的专利实施权拥有通常实施权。

**第八十二条** 在专利申请日前，或与同日的图案登记申请之图案权和有关专利申请的专利权抵触的情况下，图案权的存续期满时，在其期满之际已经拥有图案权的专用实施权或图案权，或者具有准用于有关实施权的图案法第二十八条第三款的本法律第九十九条第一款效力的通常实施权者，在原权利范围内，对于专利权或图案权的存续期满时现存的专用实施权拥有通常实施权。

专利权者或专用实施权者，拥有依前款规定从通常实施权拥有人处接受相应价款的权利。

**第八十三条** 专利发明的实施连续三年以上在日本国内进行时，凡拟将专利发明付诸实施的人，可向专利权人或专用实施权人要求就通常实施的许诺进行协商。但从有关专利发明的专利申请之日起未经过四年的不在此限。

前款的协商未成立，或无法进行协商时，拟实施专利发明的人，可请求专利厅长官裁定。

**第八十四条** 当提出前条第二款之裁定请求时专利厅长官必须将请求书的副本向有关请求的专利权人或专用实施权人及其他拥有关于专利登记权利人递送，并指定相应的期限，给予提出答辩书的机会。

**第八十五条** 进行第八十三条第二款的裁定时，专利厅长官必须听取工业所有权审议会的意见。

专利厅长官对于专利发明的实施不适当而拥有正当理由时，不得裁定设定通常实施权的要旨。

**第八十六条** 第八十三条第二款的裁定，必须具有文件并附上理由。

对于需设定通常实施权要旨的裁定，必须规定下述事项：

（一）应设定通常实施权的范围；

（二）价款的数额及其支付的方法及时间。

**第八十七条** 进行第八十三条第二款的裁定时，专利厅长官必须向当事人及有关专利拥有登记权利的非当事人递送裁定抄本。

对于当事人依前款规定递送应设定通常实施权要旨的裁定抄本时，根据裁定的决定，可看作当事人之间的协商已成立。

**第八十八条** 须支付第八十六条第二款第二项的价款者，在下述情况下，必须委托保管其价款：

（一）接受价款人拒绝领受，或无法领受时；

（二）对价款提出第一百八十三条第一款的诉讼时；

（三）设定以专利权或专用实施权为目的的抵押权时，但得到抵押权人的承诺者不在此限。

**第八十九条** 凡拟接受通常实施权的设定人到第八十三条第二款裁定决定的支付期，不支付或不委托保管价款（须将价款以定期或他期支付时及其最初须支付的份）时，设定通常实施权要旨的裁定将失效。

**第九十条** 依第八十三条第二款的裁定，接受通常实施权之设定者未适当实施专利发明时，专利厅长官依利害关系人的请求或利用职权，取消裁定。

第八十四条、第八十五条、第八十六条第一款及第八十七条第一款的规定，准用于前款的情况。

**第九十一条** 当取消依前条第一款规定的裁定时，通常实施权也随即消失。

**第九十一条之二** 对于第八十三条第二款规定裁定的行政不服审查法（1962年法第160号）提出异议申诉，不得对裁定决定之价款的不服作为对裁定不服的理由。

**第九十二条** 专利权人或专用实施权人，在专利发明符合第七十二条规定的情况时，对同条的他人可要求就为实施专利发明的通常实施权或实用新设计权，或者关于图案权之通常实施权的许诺进行协商。

要求前款协商的第七十二条的他人，对被要求协商的专利权者或专用实施权者，根据协商接受通常实施权实用新设计权或者有关图案权的通常实施权并打算在实施专利发明的范围内，可要求就通常实施权的许诺进行协商。

当第一款的协商不成立，或无法进行协商时，专利权者或专用实施权者，可以请求专利厅长官裁定。

在第二款的协商不成立、或无法进行协商的情况下而有前款的裁定请求时，第七十二条的他人，依准用第七款第八十四条的规定限于专利厅长官指定的人在应提出答辩书的期限内，可请求专利厅长官裁定。

专利厅长官在第三款或前款的情况下，设定通常实施权将导致不正当地危害第七十二条的他人或专利权者，或者专用实施权者的利益时，不得进行旨在设定通常实施权的裁定。

专利厅长官除前款规定的情况外，在第四款的情况下，对第三款裁定的请求不进行旨在设定通常实施权的裁定时，不得进行设定通常实施权的裁定。

第八十四条、第八十五条第一款及第八十六条至前条的规定，准用于第三款或第四款之裁定。

**第九十三条** 专利发明的实施为公共利益非常必要时，凡拟实施该专利发明的人，可向专利权人或专用实施权人就通常实施权的承诺要求进行协商。

前款的协商不成立，或无法进行协商时，凡拟实施专利发明人，可以请求通商产业大臣裁定。

第八十四条、第八十五条第一款及第八十六条起至第九十一条之二的规定，准用于前款之裁定。

**第九十四条** 通常实施权除依第八十三条第二款或第九十二条第三款或者第四款、实用新设计法第二十二条第三款或图案法

第三十三条第三款裁定的通常实施权外，与实施的事业一起进行时，在得到专利权人（系专用实施权的通常实施权时，为专利权人及专用实施权者）的承诺情况及继承其他一般继承的情况下，可进行转让。

通常实施权人，除依第八十三条第二款或者第九十二条第三款或者第四款，实用新设计法第二十二条第三款或图案法第三十三条第三款裁定的通常实施权外，在得到专利权人（系专用实施权之通常实施权时，为专利权者及专用实施权者）的承诺时，可就通常实施权设定抵押权。

依第八十三条第二款裁定的通常实施权，在与实施的事业一起进行及继承和其他一般继承的情况下，可以进行转让。

依第九十二条第三款或者第四款、实用新设计法第二十二条第三款或图案法第三十三条第三款裁定的通常实施权，在通常实施权人的专利权，实用新设计权或图案权转让或取消时，随即消失。

第七十三条第一款的规定，准用于通常实施权。

**第九十五条** 设定以专利权、专用实施权或通常实施权为目的的抵押权时，除抵押权人以合同另作规定的情况外，不得实施专利发明。

**第九十六条** 以专利权、专用实施权或通常实施权为目的的抵押权，对于专利权、专用实施权或者通常实施权的价款或专利发明的实施对于专利权人或者专用实施权人应接受的金钱及其他物品，均可使用。但，在其支付或交付之前必须进行查封。

**第九十七条** 当专利权人得到专用实施权人、抵押权人或依第三十五条第一款、第七十七条第四款或者第七十八条第一款规定的通常实施权人的承诺时，可以放弃专利权。

当专用实施权人在得到抵押权人或依第七十七条第四款规定的通常实施权人承诺的情况下，可以放弃专用实施权。

当通常实施权人在得到抵押权人承诺的情况下，可以放弃通常实施权。

**第九十八条** 下述事项若不进行登记就不发生效力：

（一）因专利权的转让（因继承及其他一般继承除外）、放弃而取消或处分的限制；

（二）专用实施权的设定、转让（因继承及其他一般继承除外）、变更而取消（因混同或专利权的取消除外）或处分的限制；

（三）以专利或专用实施权为目的抵押权的设定、转让（因继承及其他一般继承除外）变更而取消（因混同或担保债权的取消除外）或处分的限制。

必须将前款各项的继承及其他一般继承的情况，不失时机地申报给专利厅长官。

**第九十九条** 通常实施权进行登记后，对于以后取得专利权或者专用实施权或有关专利权的专用实施权人，也都发生效力。

第三十五条第一款、第七十九条、第八十条第一款、第八十一条、第八十二条第一款或依第一百七十六条规定的通常实施权，即使不进行登记也具有前款的效力。

通常实施权的转让、变更、取消或者处分的限制或以通常实施权为目的的抵押权的设定、转让、变更、取消或者处分的限制，若不进行登记，则不得对抗第三者。

## 第二节 侵害权利

**第一百条** 专利权人或专用实施权人，对于侵害自己的专利权或专用实施权的人或者有可能进行侵害者，可以请求停止或预防其侵害。

专利权人或专用实施权人，在进行依前款规定进行请求时，可以请求废弃组成侵害行为的产品（就产品生产方法的专利发明，包括侵害行为产生的产品），除掉供侵害行为的设备及其他为预防侵害所必要的行为。

**第一百零一条** 下述行为，视为侵害专利权或专用实施权的行为：

（一）关于专利系产品的发明时，仅依靠生产的产品为业，为了生产、转让、借让而进行展示或进口的行为；

（二）关于专利系方法之发明，仅以此为业，为了生产、转让、借让进行展示或进口的行为。

**第一百零二条** 专利权人或专用实施权人对于因故意或过失而侵害自己的专利权或专用实施权的人，当请求因其侵害自己权利提出损害赔偿时，有关人员因其侵害行为而得到利益时，其所获利益的金额，推定为专利权人或专用实施权人所受损害的金额。

专利权人或专用实施权人，对于因故意或过失而侵害自己的专利权或专用实施权人，将相当于对实施该专利发明通常应得金额，作为自己受到损害的金额要求赔偿。

前款的规定，不妨碍请求超过同款规定金额的损害赔偿。在此情况下，侵害专利权或专用实施权人非故意或无重大过失时，法院有权斟酌决定损害的赔偿金额。

**第一百零三条** 侵害他人的专利或专用实施权的人，对于其侵害行为推定犯有过失。

**第一百零四条** 在产品生产方法的发明成为专利的情况下，该产品不是在专利申请前已在日本国内公开出售的产品时，可推定与该产品相同的产品是使用该方法生产的。

**第一百零五条** 法院对于系侵害专利权或专用实施权的诉讼，依当事人的申诉，有权命令当事人提出为计算因侵害行为的损害所必要的文件，但其文件持有者，提出具有正当拒绝理由时，不在此限。

**第一百零六条** 对于因故意或过失而侵害专利权或专用实施

权而损害专利权人或专用实施权人的业务上的信用者，法院根据专利权人或专用实施权人的请求，采取代替损害的赔偿，或损害赔偿措施的同时，还有权命令为恢复专利权人或专用实施权人的业务上的信用而采取必要措施。

## 第三节　专　利　费

**第一百零七条**　接受设定专利权的注册人或专利权人，其专利费依第六十七条第一款规定十五年〔追加的专利权（包括依第七十五条第一款规定成为独立的专利权，下同）时，从申请公告之日起至依第七十四条规定而取消或第六十七条第三款所规定的存续期限期满为止〕的每一年，每一件必须按下表左栏区分缴纳同表格右栏所述费用。

| 各年的区分 | 金　　额 |
|---|---|
| 第一年起<br>至第三年 | 每年二千日元并按每一项发明（指在专利请求范围内记载的每一项发明。下同）再加二千日元（追加的专利权时，按每项发明缴纳二千日元）的追加额 |
| 第四年起<br>至第六年 | 每年二千日元并按每项发明再加三千日元（追加的专利权时，按每项发明缴纳三千日元）的追加额 |
| 第七年起<br>至第九年 | 每年六千日元并按每项发明再加六千日元（追加的专利权时，按每项发明缴纳六千日元）的追加额 |
| 第十年起<br>至第十二年 | 每年一万二千日元并按每项发明再加一万二千日元（追加的专利权时，按每项发明缴纳一万二千日元）的追加额 |
| 第十三年起<br>至第十五年 | 每年二万四千日元并按每项发明再加二万四千日元（追加的专利权时，按每项发明缴纳二万四千日元）的追加额 |

前款规定，不适用于属于国家的专利权。

**第一百零八条**　依前条第一款规定第一年到第三年的各年份的专利费，自递送批准专利的审核或审理要旨决定的抄本之日起必须在三十日以内一次缴纳完毕。

依前条第一款规定的第四年以后的各年份的专利费，必须在前一年以前缴纳。但不要从申请公告之日到批准专利的审核或递送审理决定的抄本之日经过三年以上时，第四年起到递送审核或审理决定的抄本之日的那一年（从递送审核或审理决定的抄本之日到该日所属之年的最后一日的日数不满三十日时，为递送审核或审理决定的抄本之日所属之年的下一年）的各年份的专利费，自递送批准专利的审核或审理决定的抄本之日起必须在三十日以内一次缴纳完毕。

专利厅长官根据应缴纳专利费者的请求，限于三十日以内，有权延长第一款或前款附则所规定的期限。

**第一百零九条** 专利厅长官承认依第一百零七条第一款规定应缴纳第一年至第三年各年份的专利费者为该专利发明的发明者或其继承人因贫困无力缴纳专利费时，有权依照政令决定，减轻或者免交，或缓期缴纳。

**第一百一十条** 利害关系人即使违反应缴纳人之意，也可以缴纳专利费。

依前款规定已缴纳专利费的利害关系人，在应缴纳人所得利益的限度内可以请求偿还其费用。

**第一百一十一条** 限下述各项，根据缴纳人的请求，可归还已缴纳的专利费：

（一）错误缴纳的专利费；

（二）在审判专利无效的审理决定确定三年的翌年以后各年份的专利费。

依前款规定的专利费的归还，对于同款第一项的专利费为从缴纳之日起一年，对于同款第二项的专利费为从审理决定确定之日起经过六个月以后，不得请求。

**第一百一十二条** 专利权人在第一百零八条第二款正文所规定的期限或依第一百零九条规定的缴纳缓期后的期限内不能缴纳

专利金时，即使该期限超过之后，在超过六个月以内可以追纳专利费。

依前款之规定追交专利费的专利权人，除依第一百零七条第一款之规定应缴纳的专利费外，必须缴纳与该专利费同额的增额专利费。

专利权人依第一款规定在可以追交专利费的期限内不缴纳依第一百零七条第一款规定的第四年以后各年份的专利费及前款的增额专利费时，该专利权可追溯到第一百零八条第二款正文所规定的超期限之日而消失。

专利权人不缴纳依第一款规定在可追缴专利费的期限内按第一百零九条规定缓缴的专利费和第二款递增专利费时，该专利权可视为自始即不存在。

## 第五章 （删略）

第一百一十三条至第一百二十条删略

## 第六章 审　　判

**第一百二十一条** 收到拒绝审查的人，对其审查不服时，自其接到审查的副本之日起三十日以内可以请求审判。

根据前款请求的审判人，因不可归罪之理由在同款规定的期限内无法进行其请求时，不拘同款的规定，可以从失去其理由之日起十四日以内在超过此期限后的六个月内提出请求。

**第一百二十二条** 收到依第五十三条第一款（包括准用于第一百六十一条之三第一款）规定驳回决定的人，对其决定不服时，可以自接到决定的副本之日起三十日以内请求审判，但是，依第五十三条第四款（包括准用于第一百六十一条之三第一款）规定提出新的专利申请时，不在此限。

前条第二款的规定，准用于前款的审判的请求。

**第一百二十三条** 当专利适合以下各项之一时，可就其专利无效请求审判。在这种情况下，对于有关记载在专利请求范围内的两项以上的发明，可以按逐项发明提出请求：

（一）专利违反第二十五条、第二十九条、第二十九条之二、第三十二条、第三十七条或第三十九条第一款至第四款等各条规定时；

（二）专利的批准违反条约时；

（三）专利不具备第三十六条第四款或第五款的规定而申请批准时；

（四）专利由非发明人又不继承领取该发明专利权的人提出专利申请时；

（五）批准专利之后，专利权人不能依第二十五条规定享有专利权，或该专利违反条约时。

前款的审判，在专利权消除之后也可以提出请求。

当提出第一款的审判请求时，审判长必须将其旨意通知给予专利有关的专用实施权人及其他对专利拥有注册权的人。

**第一百二十四条** 专利申请前，该专利是在外国发行的刊物上刊载的发明或以其发明为依据，在其所属的技术领域里具有一般知识的人容易作出的发明，其专利根据前条第一款的审判，自设定专利权的注册之日起经过五年之后，不得提出请求。

**第一百二十五条** 确定旨在使专利无效的审理决定时，可视专利权自始即不存在。但是，在专利适合第一百二十三条第一款第五项的情况下，确定旨在使专利无效的审理决定时，专利权可视为从该专利到适合同项之时起就不存在。

**第一百二十六条** 专利权者仅限于以下事项为目的的场合，可以就订正申请书附加的明细书或图纸请求审判：

（一）缩减专利请求的范围；

（二）订正误记；

（三）说明不清晰的记载。

前款的明细书或图纸的订正，不得在实质上扩充或变更专利请求的范围。

第一款第一项的场合，必须是根据订正后在专利请求范围内记载事项所构成的发明在申请专利时能单独得到批准的专利。

第一款的审判，即使在专利权取消后也可提出请求。但是，依第一百二十三条第一款的审判被判无效后则不在此限。

**第一百二十七条** 专利权人当有专用实施权人、抵押权人或依第三十五条第一款、第七十七条第四款以及第七十八条第一款规定为通常实施权人时，只要得到他们的允许就可请求前条第一款的审判。

**第一百二十八条** 当确定旨在必须订正申请书附加的明细书或图纸的审理决定时，可视为根据订正后的明细书或图纸已进行专利申请、申请公告、申请公开、批准专利的审查或审理决定以及设定专利权的注册。

**第一百二十九条** 当申请书附加的明细书或图纸的订正违反第一百二十六条第一款到第三款的规定时，可以就其订正无效请求审判。

第一百二十三条第二款及第三款的规定，准用于前款的请求审判。

**第一百三十条** 当确定旨在对申请书附加的明细书或图纸的订正无效审理决定时，可视其订正自始即不存在。

**第一百三十一条** 请求审判者，必须向专利厅长官提出记载下述事项的请求书：

（一）当事人及代理人的姓名或名称及住址或寓所以及法人代表人的姓名；

（二）审判事件的表示；

（三）请求的宗旨及其理由。

根据前款规定提出请求书的补充，不得变更其要旨。但是，对于前款第三项所述请求的理由，不在此限。

请求第一百二十六条第一款的审判时，必须附加请求书上订正的明细书或图纸。

**第一百三十二条** 对同一个专利权有二人以上请求第一百二十三条第一款或第一百二十九条第一款的审判时，他们可以共同请求审判。

就有关共有的专利权提出请求审判专利权时，必须将共有者全员作为被请求人提出请求。

专利权人或拥有领取专利权的共有者对有关共有的权利请求审判时，必须由共有者全体共同提出请求。

依第一款或者前款的规定请求审判者或依第二款的规定被请求审判者中有一人存在中断审判手续或中止的原因时，其中断或中止，对全体成员生效。

**第一百三十三条** 当请求书违反第一百三十一条第一款或第三款的规定时，审判长必须对请求人指定相应的期限，命令其对请求书作出补充。不缴纳依第一百九十五条第一款规定的手续费时，也同样处理。

当请求人依前款规定在指定的期限内未作出补充时，审判长必须作出决定驳回其请求书。

前款决定，必须形成文件并附上理由。

**第一百三十四条** 当有请求审判时，审判长必须将请求书的副本送给被请求人并指定相应期限，给予提出答辩的机会。

审判长受理前款的答辩书时，必须将其副本送给请求人。

关于审判，审判长有权询问当事者。

**第一百三十五条** 对于不合法的审判请求不能作出补充的，可以不给予被请求人提出答辩书的机会并以审理决定驳回。

**第一百三十六条** 审判由三名或五名审判官的合议体进行。

前款合议体的合议，以过半数作决定。

审判官的资格，以政令规定。

**第一百三十七条** 专利厅长官，对于各审判事件（当审查官依第一百六十一条之二的规定审查其请求的审判事件时，限于有依第一百六十一条之四第三款规定的报告者），必须指定构成前条第一款合议体的审判官。

当依前款规定在指定的审判官中对参与审判有阻碍之人时，专利厅长官必须解除其指定并由其他审判官代替。

**第一百三十八条** 专利厅长官必须在依前条第一款规定所指定的审判官中指定一人为审判长。

审判长总管有关审判事件的事务。

**第一百三十九条** 审判官凡属以下各项之一者从其执行的职务中除名：

（一）审判官或其配偶，或者曾是其配偶者，或者配偶曾是事件的当事人，参加人或者专利异议申诉人（包括准用于第一百六十五条第一款和第五十五条第一款的申诉人，下同）时；

（二）审判官曾是事件的当事人、参加人或是专利异议申诉人的四等亲内的亲族，三等亲内的姻亲或者是同住的亲族时；

（三）审判官是事件的当事人、参加人或是专利异议申诉人的监护人、监护监督人或辅佐人时；

（四）审判官成为事件的证人或鉴定人时；

（五）审判官曾是事件的当事人、参加人或是专利异议申诉人的代理人时；

（六）作为审判官参与对事件提出异议的审核时。

（七）审判官对事件有直接的利害关系时。

**第一百四十条** 当有前款规定的除名原因时，当事人或参加人，可以提出除名的申诉。

**第一百四十一条** 当审判官实有妨碍公正的审判情况时，当事人或参加人可以要求回避。

当事人或参加人就事件向审判官以书面或口头提出申诉后，可不回避审判官。但是在不知道有回避的原因时，或回避的原因在以后产生时，不在此限。

**第一百四十二条** 申诉除名或回避的人，必须向专利厅长官提出记载其原因的书面材料。但是，口头审理时，可以用口头提出。

除名或回避的原因，必须自前款的申诉之日起三日以内辩明。前条第二款附则所列事实也同样处理。

**第一百四十三条** 当有除名或回避的申诉时，由有关申诉的审判官以外的审判官根据审判作出决定。但是，有关申诉的审判官，可以陈述意见。

前款的决定，必须成文并附上理由。

对第一款的决定，不得提出不服。

**第一百四十四条** 当有除名或回避的申诉时，在作出申诉决定以前，必须中止审判手续。但是，对于需要紧急行为时不在此限。

**第一百四十五条** 第一百二十三条第一款或第一百二十九条第一款的审判，用口头审理。但是，审判长根据当事人参加人的申诉或用职权，可以有权决定用书面审理。

前款所规定的审判以外的审判，用书面审理。但是，审判长根据当事人的申诉或用职权，可以决定用口头审理。

依第一款或前款附则规定用口头审理进行审判时，审判长必须规定其日期及场所并将记载其旨意的书面材料递给当事人及参加人。但是，已向该事件传唤的当事人或参加人通知时，不在此限。

依第一款或第二款附则规定的口头审理，将公开进行。但是，可能有害于公共秩序或道德风尚时，不在此限。

**第一百四十六条** 民事诉讼法第一百三十四条通事的规定，准用于审判。

**第一百四十七条** 依第一百四十五条第一款或第二款附则规定进行口头审理的审判时，专利厅长官指定的职员，受审判长之命，必须按日期拟就记载审理要旨及其他事项的笔录。

前款的笔录，必须有审判的审判长及笔录的职员的签字，盖章。

民事诉讼法第一百四十五条至第一百四十七条（笔录）的规定，准用于第一款的笔录。

**第一百四十八条** 依第一百三十二条第一款规定可以请求审判的人，到审理终了为止，可以作为请求人参加其审判。

依前款规定的参加人，即使在被参加人撤回审判请求后，仍可继续进行审判手续。

对审判的结果有利害关系者，到审理终了为止，可以为辅助当事者一方参加审判。

依前款规定的参加人，可以办理一切审判手续。

依第一款或第三款规定的参加人如有中断或中止审判手续的原因时，其中断或中止，对于被参加人也生效。

**第一百四十九条** 申请参加者必须向审判长提出参加申请书。

当有申请人参加时，审判长必须将参加申请书的副本送给当事者及参加人，并指定相应期限，给予陈述意见的机会。

当有申请人参加时，由准备参加审判的审判官，依审判作出决定。

前款的决定，必须成文并附上理由。

对于第三款的决定，不得申诉不服。

**第一百五十条** 关于审判，根据当事人或参加人的申述或利用其职权，可以调查证据。

关于审判，在请求审判前根据利害关系人的申述，在审理中根据当事人或参加人的申述或利用其职权，可以保全证据。

依前款规定请求审判前的申述，必须向专利厅长官提出。

依第二款规定在请求审判前提出申述时专利厅长官要指定能够保全证据的审判官。

审判长依第一款或第二款规定利用职权调查证据或保全证据时，必须将其结果通知当事人及参加人，并指定相应期限，给予申述意见的机会。

第一款或第二款的证据调查或证据保全事宜，可以委托应当办理该事务的当地地方法院或简易法院进行。

**第一百五十一条** 第一百四十七条以及民事诉讼法第一百三十条，受命审判官的指定及委托自第一百五十二条第一款至第三款（日期），第一百五十四条（传唤）；自第二百五十七条至第二百六十条；自第二百六十二条至第二百六十七条；自第二百七十一条至第二百七十六条；自第二百七十九条至第二百八十二条；第二百八十三条第一款；自第二百八十五条至第三百零二条、第三百零四条、第三百零五条、第三百零六条第一款和第二款及第三款前段；自第三百零七条至第三百一十四条；自第三百一十九条至第三百二十七条、第三百二十八条第一款、第三百二十九条第一款、第三百三十条；自第三百三十二条至第三百三十四条、第三百三十五条第一款、第三百三十六条、第三百三十七条；自第三百四十条至第三百四十三条；自第三百四十五条至第三百五十一条之二（证据）以及第三百五十八条之三（提出书面材料）的规定，准用于依前条规定的调查证据或保全证据。在这种情况下，要将同法第二百五十七条中的“在法院当事者供认的事实及显著的事实”改读为“显著的事实”，将同法第二百六十七条第二款中的“顺利完成托管保证金或将其主张真实的事项”改读为“将其主张的真实事项”。

**第一百五十二条** 当事人或参加人在法定或指定的期限内不办理手续，或不按第一百四十五条第三款规定的决定前办理时，审判长有权进行审判。

**第一百五十三条** 在审判中，对于当事人或参加人未申述的理由，也可以审理。

审判长依前项规定对当事人或参加人未申述的理由进行审理时，必须将其审理结果通知当事人或参加人，并指定相应期限，给予申述意见的机会。

在审判中，对于请求人未申述请求的要旨，不得进行审理。

**第一百五十四条** 当事者的双方或一方对于相同两项以上的审判，可以要求合并进行审判。

依前款规定合并审理时，可以再度要求分离审理。

**第一百五十五条** 审判的请求，在得到下条第一款规定的通知以后，不得撤回。

当提出第一百三十四条第一款的答辩书之后，若不取得对方的承诺，不得撤回审判的请求。

对于记载在请求专利范围内涉及两个以上发明专利的两项以上的发明，提出第一百二十三条第一款的审判请求时，其请求可按每项发明撤回。

**第一百五十六条** 当事件已成熟到作出审理决定时，审判长必须将审理的结果通知当事人及参加人。

有必要时，即使依前款规定发出通知后，根据当事人或参加人的申述或职权，审判长可以重新审理。

审理决定必须依第一款规定发出通知之日起二十日以内作出。但是，情况复杂或有其他不得已的理由时，不在此限。

**第一百五十七条** 作出审理决定，审判才算终了。

审理决定必须形成记载下述事项的文件，由作出审理决定的审判官签名盖章：

（一）审判的号码；

（二）当事人、参加人和代理人的姓名和名称以及住址或寓所；

（三）表明审判事件；

（四）审理决定的结论及其理由；

（五）审理决定的年月日。

专利厅长官在作出审理决定时，必须向当事人、参加人及提出参加审判申请而被拒绝其申请者递送审理决定的副本。

**第一百五十八条** 审查时办理的手续，在第一百二十一条第一款的审判上也有效。

**第一百五十九条** 第五十三条及第五十四条的规定，准用于第一百二十一条第一款的审判。在这种情况下，要将第五十三条第七款中的“在请求第一百二十二条第一款的审判时”改读为“在提出第一百七十八条第一款的申诉时”将第五十四条第一款中的“第六十四条”改读为“第十七条之三或第六十四条（包括准用于第一百五十九条第二款及第三款以及第一百六十一条之三第二款及第三款的情形)”。

第五十条及第六十四条的规定，准用于就第一百二十一条第一款的审判发现与审核理由不同的拒绝理由的场合。

第五十一条至第五十二条之二、第五十五条至第五十八条、第六十条至第六十二条及第六十四条的规定，准用于有理由请求第一百二十一条第一款审判的场合。在这种情况下，要将第五十七条中的“审查官”改读为“审判长”。

在认为有理由请求第一百二十一条第一款审判的情况下，对该专利申请已经有申请公告时，不论前款的规定如何，不再发申请公告，必须作出审理决定。

当有准用于第三章的第五十五条第一款的申述时，由第一百二十一条第一款审判的审判官根据审判作出决定。关于准用于第一百六十一条之三第三款、第五十五条第一款申述的情况，审查官依第一百六十一条之四第二款的规定不能作出准用于第一百六十一条之三的第五十八条第一款决定时，也作同样规定。

**第一百六十条** 就第一百二十一条第一款的审判取消审查时，可以再度进行旨在提出审查的审理决定。

当有前款的审理决定时的判断，可就该事件约束审查官。

进行第一款的审理决定时，前条第三款的规定不适用。

**第一百六十一条** 第一百三十四条第一款及第二款、第一百四十八条以及第一百四十九条的规定，不适用于第一百二十一条第一款的审判。

**第一百六十一条之二** 当请求第一百二十一条第一款的审判时，从该日起三十日以内对于有关请求的专利申请附加的明细书或图纸进行补充时，专利厅长官必须令审查官审查该请求，当有准用于本法第三章第五十五条第一款的申述时，也做同样规定。

**第一百六十一条之三** 第四十七条第二款、第四十八条、第五十三条、第五十四条及第六十五条的规定，准用于依前条规定的审查。在这种情况下，要将第五十四条第一款中“第六十四条”改读为“第十条之三或第六十四条（包括准用于第一百六十一条之三第二款及第三款的情况)”。

第五十条及第六十四条的规定，准用于依前条规定在审查中发现与有关请求审判的审查理由不同的拒绝理由的场合。

第五十一条至第五十二条之二、第五十五条至第六十条及第六十二条至第六十四条的规定，准用于依前条规定在审查中认为有理由请求审判的情况。

依前条规定在审查中认为有理由请求审判的情况，如该专利申请已经有申请公告时，不论前款的规定如何，不再发申请公告，并必须进行旨在批准专利权的审查。

**第一百六十一条之四** 审查官依第一百六十二条规定在审查

中进行旨在批准专利权的审查时，必须取消有关请求审判拒绝的审查。

除前款规定的情况外，审查官不得作出准用于前条第一款依第五十四条第一款规定的驳回决定或准用于本法第三章第五十八条第一款的决定。

除第一款规定的情况外，审查官不再就该审判的请求进行审查，并必须向专利厅长官报告其审查结果。

**第一百六十二条** 在第一百二十二条第一款的审判中，当进行旨在取消决定的审理决定情况时的判断时，可就该事件约束审查官。

**第一百六十三条** 第一百三十四条第一款及第二款、第一百四十八条及第一百四十九条的规定，不适用于第一百二十二条第一款的审判。

**第一百六十四条** 当第一百二十六条第一款审判的请求不以同款各项所述事项为目的，或不适合同条第二款或第三款的规定时，审判长必须将其理由通知请求人，并指定相应的期限，给予提出意见书的机会。

当第一百二十六条第一款的审判请求以同款各项所述事项为目的并且适合同条第二款及第三款的规定时，审判官必须作出旨在指出请求公告的决定。

**第一百六十五条** 第五十一条第二款至第四款、第五十五条至第五十八条及自第六十条至第六十二条的规定，准用于旨在提出请求公告的决定的场合。在这种情况下，要将第五十七条中的“审查官”改读为“审判长”。

当有准用于前款之第五十五条第一款的申述时，依第一百二十六条第一款的审判的审判官可根据审判作出决定。

**第一百六十六条** 第一百三十四条第一款及第二款、第一百四十八条以及第一百四十九条的规定，不适用于第一百二十六条第一款的审判。

**第一百六十七条** 当有第一百二十三条第一款或第一百二十九条第一款的审判的确定审理决定的注册时，任何人都不得基于同一事实及同一证据请求审判。

**第一百六十八条** 审判上有必要时，在确定其他审判的审理决定或诉讼手续完结之前可以中止其手续。

诉讼上有必要时，法院在确定审理决定之前可以中止其诉讼手续。

**第一百六十九条** 关于第一百二十三条第一款或第一百二十九条第一款审判的费用负担，必须当审判依审理决定终了时以审理决定；当审判不依审理决定终了时以其审判的决定，利用职权作出决定。

民事诉讼法第八十九条至第九十四条、第九十八条第一款及第二款、第九十九条、第一百零一条以及第一百零二条（诉讼费用的负担）的规定，准用于前款规定的关于审判的费用。

第一百二十一条第一款、第一百二十二条第一款或第一百二十六条第一款关于审判的费用，由请求人或申述人负担。

民事诉讼法第九十三条（共同诉讼费用）的规定，准用于依前款规定由请求人或申述人负担费用。

有关审判的费用，根据请求在确定审理决定或决定之后由专利厅长官决定。

关于审判费用的范围、金额及缴纳以及为进行审判手续上的行为所必要的支付，只要不违反其性质，将依照有关民事诉讼费用的法律（1971 年法第 40 号）中的有关规定（第二章第一节及第三节规定部分除外）。

**第一百七十条** 确定有关审判费用额的决定，与具有执行能力的债务名义具有相同的效力。

## 第七章　复　　审

**第一百七十一条**　当事人对于确定审理决定，可以请求复审。

民事诉讼法第四百二十条第一款及第二款以及第一百二十一条（复审的理由）的规定，准用于前款的复审请求。

**第一百七十二条**　审判的请求人及被请求人以共谋而危害第三者的权利或利益的目的使审理决定成立时，第三者可以对其审理决定请求复审。

前款的复审，必须将其请求人和被请求人作为共同被请求人提出请求。

**第一百七十三条**　复审必须自请求人在确定审理决定后得知复审理由之日起三十日以内提出请求。

请求复审者由于不可归罪之理由不能在前款规定的期限内提出其请求时，不论同款规定如何，自失去其理由之日起十四日以内且规定期限的六个月以内，可以提出请求。

请求人以服从法律规定而未被以代理为理由请求复审时，第一款所规定的期限，自请求人或其法定代理人根据通知得知审理决定之日的翌日算起。

从确定审理决定之日起经过三年之后，不得请求复审。

复审的理由在审理决定确定后产生时，前款所规定的期限，自产生其理由之日的翌日算起。

第一款及第四款的规定，不适用于以该审理决定与以前的确定审理决定相抵触为理由提出复审请求。

**第一百七十四条**　第一百三十一条、第一百三十二条第三款及第四款、第一百三十三条、第一百三十四条第三款；第一百三十五条至第一百四十七条；第一百五十条至第一百五十二条、第一百五十五条第一款；第一百五十六条至第一百六十条、第一百六十八条；第一百六十九条第三款至第六款以及第一百七十条的规定，准用于对于第一百二十一条第一款的审判确定审理决定的复审。

第一百三十一条、第一百三十二条第三款及第四款、第一百三十三条、第一百三十四条第三款；第一百三十五条至第一百四十七条；自第一百五十条至第一百五十二条、第一百五十五条第一款、第一百五十六条；第一百五十七条、第一百六十二条、第一百六十八条；第一百六十九条第三款至第六款以及第一百七十条的规定，准用于对于第一百二十二条第一款审判确定审理决定的复审。

第一百三十一条、第一百三十二条第一款、第二款及第四款；第一百三十三条至第一百五十二条；第一百五十四条至第一百五十七条、第一百六十七条、第一百六十八条、第一百六十九条第一款、第二款第五款及第六款以及第一百七十条的规定，准用于对于第一百二十三条第一款或第一百二十九条第一款的审判的确定审理决定的复审。

第一百三十一条、第一百三十二条第三款及第四款、第一百三十三条、第一百三十四条第三款；第一百三十五条至第一百四十七条；第一百五十条至第一百五十二条、第一百五十五条第一款、第一百五十六条、第一百五十七条、第一百六十四条、第一百六十五条、第一百六十八条；第一百六十九条第三款至第六款以及第一百七十条的规定，准用于对于第一百二十六条第一款审判确定审理决定的复审。

民事诉讼法第四百二十七条第一款（审理的范围）的规定，准用于复审。

**第一百七十五条**　对于判为无效的专利通过复审恢复专利权的情况或对于拒绝审理决定的专利申请通过复审设定专利权的注册的情况，当该专利的产品发明被批准时，专利权的效力，不涉及审理决定确定后请求复审的注册前合法地进口或在日本国内生产的产品。

关于判为无效的专利通过复审恢复专利权时，或对于拒绝审理决定的专利申请通过复审设定专利权的注册时，专利权的效力，不涉及下述行为：

（一）审理决定在确定后与请求复审的注册前不涉及该发明的合理实施；

（二）专利就物品的发明被批准时，只使用于生产该物品的物质在该审理决定确定后请求复审的注册前不涉及合法地生产，或为转让、借让而展示的进口行为；

（三）专利就方法的发明被批准时，只使用于实施该发明的物品在审理决定确定后请求复审注册前不涉及合法地生产、转让、借让或为借让而展示的进口行为。

**第一百七十六条** 关于判为无效的专利通过复审恢复专利权时，或对于拒绝审理决定的专利申请通过复审设定专利权的注册时，在审理决定确定后请求复审的注册前合法地在日本国内从事实施该发明的事业的人或准备从事这一事业的人，在其实施或准备的发明及事业的目的的范围内，拥有该专利权的通常实施权。

**第一百七十七条** （删略）

## 第八章 诉 讼

**第一百七十八条** 对审理决定，依准用于第一百五十九条第一款（包括准用于第一百七十四条第一款的场合）的第五十三条第一款规定驳回决定或审判或复审的请求书驳回决定的申诉，属于东京高等法院专管。

前款的申诉，限于当事人、参加人或申请参加该审判或复审而被拒绝申请者，才可以提出。

第一款的申诉，自递送审理决定或决定的副本之日起过三十日则不得提出。

前款的期限为不变期限。

审判长对因路程遥远或交通不便的有关人，根据职权，有权按前款的不变期限的规定再附加期限。

关于可以请求审判的事项的申诉，若不属于审理决定的，不得提出。

**第一百七十九条** 关于前条第一款的申诉，必须以专利厅长官为被告执行。但是，对于第一百二十三条第一款或者第一百二十九条第一款的审判，或者针对这些审判的确定审理决定的第一百七十一条第一款复审的审理决定时，必须以该审判或复审的请求人或被请求人为被告。

**第一百八十条** 当有前条附则规定的申诉时，法院必须不拖延地将其要旨通知专利厅长官。

**第一百八十一条** 当有第一百七十八条第一款的申诉认为该请求有理由时，法院必须取消该审理决定或决定。

依前款规定的审理决定或取消决定的判决确定时，审判官必须重新审理并作出审理决定或决定。

**第一百八十二条** 关于第一百七十九条附则所规定的申诉的诉讼手续完备时，法院必须不拖延地向专利厅长官递送各级审判的裁判正本。

**第一百八十三条** 受到第八十三条第二款、第九十二条第三款、第四款或第九十三条第二款裁决的人，对该裁决所定等价报酬的金额不服时，可以提出申诉要求增减其金额。

前款的申诉、自递送裁决的副本之日超过三个月者不得提出。

**第一百八十四条** 关于前条第一款的申诉，必须以下述人为被告：

（一）关于第八十三条第二款、第九十二条第四款或第九十三条第二款的裁决，为通常实施权人或专利权人，或者专用实施权人；

（二）关于第九十二条第三款的裁决，为通常实施权人或第七十二条的他人。

**第一百八十四条之二** 要求取消依本法或基于本法的命令所规定的处分的申诉，只能在经过对该处分提出的异议或请求审查作出决定或裁决以后，方可提出。

## 第九章 关于以专利协作条约为基础的国际申请的特例

**第一百八十四条之三** 根据1970年6月19日于华盛顿拟定的专利协作条约（以下称为“条约”）第十一条（1）或者（2）（b）或第十四条（2）规定的国际申请日所承认的国际申请，并为在条约第四条（i）（ii）指定国里包括日本国（限于有关专利申请）的，可视为在国际申请日提出的专利申请。

对于依前款规定被视为专利申请的国际申请（以下称为“国际专利申请”），不适用于第四十三条的规定。

**第一百八十四条之四** 用外国语书写国际专利申请（以下称为“外国语专利申请”）的申请人，自条约第二条（xi）的优先日（以下称为“优先日”）起一年八个月以内（为下达旨在依条约第十七条之（2）（a）的规定不拟定国际调查报告的国际专利申请自优先日起一年六个月以内有依同条之（2）（a）规定的通知时，从通知之日起两个月以内），必须向专利厅长官提出前条第一款规定的国际申请日（以下称“国际申请日”）条约第三款之（2）所规定的申请书、明细书、请求的范围及图纸的日本语译文。

在前款规定的期限内未提同款规定的申请书、明细书及请求范围的译文时，视为撤回国际专利申请。

依第一款规定提出译文的申请人，限于同款规定的期限，可以提出替代该译文的新的译文。但是，申请人提出请求专利审查者不在此限。

国际申请日记载于外国语专利申请的明细书请求的范围或图纸的事项，在第一款规定的期满时（在此期限内申请人请求申请审查时，为其请求时间，以下称“基准时间”）未记载于同款或前款规定的译文（以下称“申请译文”）内的，视为未记载于国际申请日外国语专利申请的明细书、请求的范围或图纸上。

**第一百八十四条之五** 用日本语提出的国际专利申请（以下称“日本语专利申请”）的申请人须在前条第一款规定的期限内（自优先日起一年七个月以内请求条约第三十三条所规定的国际预备审查且基于条约第三十一条之（4）（a）的规定把日本国作为选择国，而选择的国际专利申请，自优先日起二年一个月以内），外国语专利申请的申请人须在提出前条第一款所规定的译文的同时，必须向专利厅长官提出记载下述事项的书面材料：

（一）申请人的姓名或名称及住址或寓所以及法人的代表人姓名；

（二）提出的年月日；

（三）发明的名称；

（四）发明人的姓名及住址或寓所；

（五）国际申请日及其他通商产业省令规定的事项。

专利厅长官在下述情况下，指定相应的期限，有权命令进行手续补充：

（一）依前款规定应提出的书面材料，未在同款规定的期限内或同款规定的时间提出时；

（二）依前款规定的手续违反第七条第一款至第三款或第九条的规定时；

（三）依前款规定的手续违反通商产业省令所规定的方式时；

（四）依第一百九十五条第一款的规定在前款规定的期限内未缴纳应缴纳的手续费时。

第十七条第三款的规定，准用于根据前款规定的命令的补充。

当依第二款的规定命令进行补充手续者在依同款规定所指定的期限内未进行补充时，专利厅长官有权判该国际专利申请为无效。

**第一百八十四条之六** 有关日本语专利申请于国际申请日提出的申请书及有关外国语专利申请书的译文，视为依第三十六条第一款的规定提出的申请书。

有关日本语专利申请在国际申请日提出的明细书及请求的范围以及有关外国语专利申请的明细书及请求范围的申请译文，视为依第三十六条第二款规定附加于申请书的明细书；有关日本语专利申请在国际申请日的请求的范围及有关外国语专利申请的请求的范围的译文，视为依同款之规定附加于申请书的明细书上所记载的专利请求的范围；有关日本语专利申请在国际申请日提出的图纸及有关外国语专利申请的图纸的申请译文，视为依同款规定附加于申请书上的图纸。

**第一百八十四条之七** 国际专利申请的申请人，在进行根据条约第十九条（1）之规定进行补充时，到属于标准时间之日为止，有关日本语专利申请的补充须将根据同条（i）的规定提出的补充书的副本、有关外国语专利申请的补充须将该补充书的日本语译文，向专利厅长官提出。

依前款的规定提出补充书的副本或补充书的译文时，根据其补充书的副本或补充书的译文，视为就专利请求的范围进行了依第十七条第一款规定的补充手续。但是，有关日本语专利申请的补充根据条约第二十条的规定在前款规定的期限内向专利厅递送补充书时，根据其补充书，可视为对专利请求的范围进行了依第十七条的规定的补充手续。

在第一款规定的期限内未由国际专利申请的申请人进行同款规定的手续时，根据条约第十九条之（1）的规定的补充，可视为并未进行。但是，前款附则有规定者，不在此限。

第十七条第一款附则的规定，不适用于第二款规定的补充。

**第一百八十四条之八** 前条的规定，准用于根据条约第三十四条之（2）（b）的规定进行补充的国际专利申请。在这种情况下，应将前条第一款中的“属于标准时间之日为止”改读为“在第一百八十四条之五第一款所规定的期限内（在此期限内申请人请求申请审查时，为其请求的时间）”将“同条（1）”改读为“条约第三十四条之（2）（b）”，将同条第二款中的“专利请求之范围”改读为“明细书或图纸”，将“条约第二十条”改读为“条约第三十六条之（3）（a）”，将同条第三款中的“条约第十九条（1）”改读为“条约第三十四条之（2）（b）”。

**第一百八十四条之九** 关于依第一百八十四条之四第一款的规定提出了译文的外国语专利申请，已申请公告的除外，自优先日起经过一年八个月后属于条约第二十一条所规定的国际公开（以下称“国际公开”）后的国际专利申请并自优先日起一年八个月以内由申请人请求申请审查的、自优先日起经过一年六个月或请求申请审查的时间较晚，属于国际公开之后的国际专利申请自优先日起一年六个月以内得到第一百八十四条之四第一款所规定的通知、自优先日起经过一年六个月或自得到该通知之日起经过两个月后，专利厅长官必须立即向国内公开发表。

国内公开发表，须将下述事项登载于专利公报上：

（一）申请人的姓名或名称及住址或寓所；

（二）专利申请的号码；

（三）国际申请日；

（四）发明者的姓名及住址或寓所；

（五）明细书及请求的范围的申请译文所记载的事项以及图纸的申请译文的内容（专利厅长官认为登载在专利公报上会危害公共秩序或道德风尚者除外）；

（六）国内公开发表的号码及年月日；

（七）其他必要的事项。

第六十五条之二的规定，不适用于国际专利申请。

关于国际专利申请，第四十八条之五第一款、第四十八条之六、第一百二十八条、第一百八十六条第一项及第二项以及第一百九十三条第二款第一项及第二项中的“申请公开”，是日本语专利申请的定为“第一百八十四条之九第一款的国际公开”，是外国语专利申请的定为“第一百八十四条之九第一款的国内公开发表”。

关于日本语专利申请的证明等的请求，第一百八十六条第一项中的“除外”（定为“除外”）及 1970 年 6 月 19 日于华盛顿拟定的专利协作条约第三条（2）所规定的国际申请的要点（有关申请公告之后的国际专利申请或已经国际公开的除外）；关于外国语专利申请之证明等的请求，同项中的“除外”（定为“除外”）及 1970 年 6 月 19 日于华盛顿拟定的专利协作条约第三条（2）所规定的国际申请的申请书、明细书、请求的范围、图纸或者要点（申请公告之后的有关国际专利申请或已经国际公开的除外）。

关于国际专利申请须登载于专利公报的事项，第一百九十三条第二款第四项之二中的“申请公告之后的”应定为“有关国际公开之后的国际专利申请”，“第十七条之二第一项或”定为“第十七条第一款或第十七条之二第一项”。

**第一百八十四条之十** 国际专利申请的申请人，对日本语专利申请在国际公开之后（自优先日起经过一年六个月以前，国际公开时，自优先日起经过一年六个月之后）、外国语专利申请在国内公开发表之后，出示记载有关国际专利申请的发明内容的书面材料而提出警告时，对于在此警告后申请公告前，以其为业实施该发明者，该发明为专利发明时可以就其实施请求支付相当于通常应接受的金额的补偿金。即使未提出警告，日本语专利申请在得知为国际公开之后的国际专利申请的发明并在申请公告之前（自优先日起经过一年六个月以前，国际公开的国际专利申请自优先日起经过一年六个月后申请公告前），外国语专利申请在得知国内公开发表之后的国际专利申请的发明并在申请公告之前，对于以其为业的实施发明者，也作同样规定。

第六十五条之三第二款至第四款的规定，准用于依前款之规定行使请求权。

**第一百八十四条之十一** 日本语专利申请必须在办理第一百八十四条之五第一款规定的手续，并且依第一百九十五条第一款规定缴纳应缴纳的手续费之后，外国语专利申请必须在办理第一百八十四条之四第一款及第一百八十四条之五第一款规定的手续，并且必须依第一百九十五条第一款规定缴纳的手续费之后和经过标准时间之后，否则不论第十七条第一款本文的规定如何，不得进行补充手续〔第一百八十四条之七第二款（包括准用于第一百八十四条之八）所规定的补充除外〕。

关于国际专利申请的补充手续，第十七条第一款附则中定有“专利申请日”〔依第四十三条第一款规定伴随优先权主张的专利申请，依最初的申请日或巴黎条约（指 1900 年 12 月 14 日于布鲁塞尔、1911 年 6 月 2 日于华盛顿、1925 年 11 月 6 日于海牙、1934 年 6 月 2 日于伦敦、1958 年 10 月 31 日于里斯本及 1967 年 7 月 14 日于斯德哥尔摩修改的关于保护工业所有权的 1883 年 3 月 20 日巴黎条约，下同）第四条 C（4）的规定被视为最初申请的申请日或依同条 A（2）的规定被认为最初申请的申请日，同下条及第六十五条之二第一款〕，第十七条之二中的“专利申请日”可定为“第一百八十四条之四第一款的优先日”。

有关外国语专利申请的补充手续的范围，第四十一条中的“在申请书最初附加的明细书或图纸所记载的事项”定为“第一百八十四条之四第一款的国际申请日的第一百八十四条之三第二款的国际专利申请的明细书、请求范围或图纸及这些文件的第一百八十四条之四第四款的申请译文所记载的事项”。

关于外国语专利申请的补充的驳回适用第五十三条第一款〔包括准用于第一百五十九条第一款（包括准用于第一百七十四条第一款）及第一百六十一条之三第一款的情况〕规定，不论依前款的规定改读适用的第四十一条的规定如何，在国际专利申请的明细书、请求的范围或图纸的申请译文所记载的事项的范围内增减或变更专利请求的范围的补充，均视为不变更明细书的要旨。

关于国际专利申请的补充，不适用于第四十条及自第五十三条第四款至第六款〔包括准用于第一百五十九条第一款（包括准用于第一百七十四条第一款情况）及第一百六十一条之三第一款的情况〕的规定。

**第一百八十四条之十二** 关于国际专利申请，由追加的专利申请变更为独立的专利申请及由独立的专利申请变更为追加的专利申请，按日本语专利申请，必须依第一百八十四条之五第一款之规定、外国语专利申请必须依第一百八十四条之四第一款及第一百八十四条之五第一款之规定办理手续，并且在缴纳依第一百九十五条第一款的规定应缴纳的手续费之后方可进行。

关于依实用新设计法第四十八条之三第一款或第四十八条之十四第四款的规定被视为实用新设计申请的国际申请变更为专利申请，同法第四十八条之五第一款的日本语实用新设计申请必须依同款的规定，同法第四十八条之五第一款的外国语实用新设计申请必须依同款及同法第四十八条之五第一款的规定办理手续，并且必须在缴纳依同法第五十四条第一款的规定应缴纳的手续费之后（依同法第四十八条之十四第四款的规定被视为实用新设计申请的国际申请，在同款所规定的决定之后）方能进行。

**第一百八十四条之十三** 国际专利申请的申请人提出日本语专利申请必须依第一百八十四条之五第一款的规定、外国语专利申请必须依第一百八十四条之四第一款及第一百八十四条之五第一款的规定办理手续，并且在缴纳依第一百九十五条第一款的规定应缴纳的手续费之后，非国际专利申请的申请人，必须自优先日起经过一年八个月（自优先日起一年七个月以内提出条约第三十三条所规定的国际预备审查的请求，并且根据条约第三十一条（4）（a）的规定把日本国作为选择国而选择的国际专利申请自优先日起二年一个月）之后，否则不得就国际专利申请提出申请审查的请求。

**第一百八十四条之十四** 关于拒绝审查外国专利申请，第四十九条中的“相当于以下各项之一时”应定为“就第一百八十四条之四第一款在国际申请日的国际申请明细书、请求范围或图纸及这种文件的同条第四款的申请译文所记载的发明以外之发明而根据时（限于以此为理由提出专利异议的申述）或专利申请相当于以下各项之一时”。

**第一百八十四条之十五** 有关日本语专利申请的专利就国际申请日的国际申请明细书请求的范围或图纸所记载的发明以外的发明被批准时或有关外国语专利申请的专利就国际申请日的国际申请的明细书、请求范围或者图纸及这些文件的申请译文所记载的发明以外的发明被批准时，可以请求该专利为无效的审判。

审判官对于请求前款的审判，在发出依有关审判的第一百五十六条第一款规定的通知日以前提出第一百二十六条第一款的审判的请求（限于以同款第一项所述事项为目的者）时，在作出同款审判的审理决定以前，不得就前款审判作出旨在审判该专利为无效的审理决定。

第一百二十三条第一款后段、第二款及第三款的规定，准用于第一款的审判。

关于第一款的审判，第一百三十二条第一款、第一百四十五条第一款、第一百六十七条、第一百六十九条每款及第一百七十四条第三款中所列的“或第一百二十九条第一款”应定为“第一百二十九条第一款或第一百八十四条之十五第一款”；第一百五十五条第三款中的“第一百二十三条第一款”应定为“第一百二十三条第一款或第一百八十四条之十五第一款”；第一百七十九条中的“或者第一百二十九条第一款”应定为“第一百二十九条第一款或者第一百八十四条之十五第一款”。

关于国际专利申请订正的审判，第一百二十六条第四款中的“第一百二十三条第一款”应定为“第一百二十三条第一款或一百八十四条之十五第一款”。

**第一百八十四条之十六** 根据条约第二条（vii）提出国际申请的申请人，因条约第四条之（1）（ii）的指定国中包括日本国的国际申请（限于有关专利申请者）由条约第二条（xv）的受理机关进行条约第二十五条（1）（a）所规定的否决或者同条（1）（a）或者（b）所规定的宣言，或由条约第二条（xix）的国际事务局进行条约第二十五条之（1）（a）所规定的认定时，在通商产业省规定的期限内，根据通商产业省令的规定，可以向专利厅长官提出旨在作同条之（2）（a）所规定的决定的申请。

就使用外国语书写的国际申请提出前款的申请人，申请时必须向专利厅长官提出申请书、明细书、请求的范围、图纸及其他由通商产业省令规定的有关国际申请文件的日本语译文。

当有第一款的申请时，专利厅长官必须将有关申请的否决、宣言或认定依照条约及专利协作条约规章的规定，作出正当与否的决定。

依前款的规定专利厅长官将同款的否决、宣言或认定与条约及专利协作条约规章的规定进行对照，作出不正当之决定时，有关决定的国际申请，被认为未被否决、宣言或认定的情况下，可被承认为在国际申请日提出的专利申请。

第一百八十四条之三第二款、第一百八十四条之四第四款、第一百八十四条之六、第一百八十四条之九第五款、第一百八十四条之十一、第一百八十四条之十二第一款及第一百八十四条之十三至前条的规定，准用于依前款之规定被视为专利申请的国际申请。在这种情况下，应将第一百八十四条之四第四款、第一百八十四条之六及前条第一款中的“国际申请日”、将第一百八十四条之十一第三款及第一百八十四条之十四中所列的“第一百八十四条之四第一款的国际申请日”改读为“第一百八十四条之十六第四款所规定的被认为国际申请日之日”；将第一百八十四条之四第四款中的“在第一款规定的期限已满时（在此期限内申请人请求申请审查时，为其请求时间，以下称“标准时间”）同款或前款所规定的译文”改读为“依第一百八十四条之十六第二款之规定提出的译文”；将第一百八十四条之九第五款中的“有关申请公告之后的国际专利申请或已经国际公开的”改读为“有关申请公告或申请公开之后的申请”；将第一百八十四条之十一第一款中的“外国语专利申请必须在办理第一百八十四条之四第一款及第一百八十四条之五第一款之规定的手续，并且必须在依第一百九十五条第一款之规定缴纳了应缴纳的手续费之后和经过标准时间之后”、将第一百八十四条之十二第一款及第一百八十四条之十三中的“日本语专利申请必须依第一百八十四条之五第一款的规定，外国语专利申请必须依第一百八十四条之五第一款的规定，外国语专利申请必须依第一百八十四条之四第一款及第一百八十四条之五第一款之规定办理手续，并且在缴纳依第一百九十五条第一款的规定应缴纳的手续费之后”、将同条中的“自优先日起经过一年八个月（自优先日起一年七个月以内请求条约第三十三条所规定的国际预备审查，并且根据条约第三十一条之（4）（a）的规定把日本国作为选择国而选择的国际专利申请为自优先日起二年一个月）之后”改读为“第一百八十四条之十六第四款所规定之决定之后”。

依第四款的规定被视为专利申请的国际申请的申请公开，将第六十五条之二第一款中的“专利申请之日”定为“第一百八十四条之四第一款的优先日”。

## 第十章　各种细则

**第一百八十五条**　关于在专利请求的范围内记载两项以上发明的专利或专利权的第二十七条第一款第一项、第五十二条第三款〔包括准用于第六十五条之三第四款（包括准用于第一百八十四条之十第二款）、第一百五十九条第三款（包括准用于第一百七十四条第一款）及第一百六十一条之三第三款〕、第七十五条第一款、第八十条第一款第一项、第三项或者第五项、第九十七条第一款、第九十八条第一款第一项、第一百一十一条第一款第二项、第一百二十三条第二款（包括准用于第一百二十九条第二款及第一百八十四条之十五第三款）、第一百二十五条、第一百二十六条第四款、第一百三十二条第一款（包括准用于第一百七十四条第三款）、第一百七十五条、第一百七十六条或者第一百九十三条第二款第五项或实用新设计法第二十条第一款第二项、第四项或者第五项规定的适用，可视为按每项发明批准专利，或为拥有专利权。

**第一百八十六条**　任何人都可向专利厅长官请求发给有关专利的证明、文件的副本或者抄本，请求发给阅览文件或者抄写或专利总账簿当中记载用磁带制作的部分所记录的文件。但是，关于下述文件，专利厅长官认为有必要保密时，不在此限：

（一）申请书或附加于申请书的明细书或者图纸（已经申请公告或申请公开的除外）；

（二）有关第一百二十一条第一款或第一百二十二条的审判的文件（关于该事件的专利申请已经申请公告或申请公开的除外）；

（三）有可能危害公共秩序或道德风尚的。

**第一百八十七条** 专利权人、专用实施权人或通常实施权人，根据通商产业省令之规定，必须在产品的专利发明或者产品方法的专利发明（以下称“有关专利之产品”），或在该产品的包装上，附上该产品或方法的发明有关专利要旨的表示（以下称“专利表示”）。

**第一百八十八条** 任何人不得做下述行为：

（一）在有关专利产品以外的产品或在包装上附上专利标志或容易混淆的标志；

（二）有关专利产品以外的物件或在该物件的包装上附上专利标志或容易混淆的标志，并为了进行转让、借让，或者转让或借让的目的所展示的行为；

（三）为生产或使用有关专利产品以外的物件或为转让、借让，在广告上附上旨在与该物件的发明有关专利的标志，或容易混淆的标志；

（四）为使用专利发明方法以外的方法，或为转让或者借让，或在广告上进行旨在与该方法的发明有关专利的标志，或进行与此容易混淆的标志的行为。

**第一百八十九条** 递送的文件，除本法律所规定的以外，由通商产业省令规定。

**第一百九十条** 民事诉讼法第一百六十一条第一款、第一百六十二条、第一百六十三条（递送的机关）、第一百六十四条第一款、第一百六十五条、第一百六十八条、第一百六十九条、第一百七十一条至第一百七十三条（递送的方法）及第一百七十七条（递送证明）的规定，准用于递送本法律或前条由通商产业省令规定的文件。在这种情况下，将同法第一百六十一条第一款及第一百六十三条中的“法院书记”改读为“专利厅长官指定的职员”；将同法第一百六十二条第一款中的“执行官或邮件”改读为“邮件”；将同法第一百七十二条中的“在某种情况下是法院书记”改读为“在某种情况下及须递送有关审查文件的情况下，是由专利厅长官指定的职员”。

**第一百九十一条** 无法得知接受通知人的住址、寓所及其他须通知的场所时，可以告示通知。

告示通知应在公报及专利公报上随时登载发给通知人的文件，并同时用专利厅的布告牌通知。

告示通知须自登载于公报之日起经过二十日生效。

**第一百九十二条** 专利管理人在国外时，必须通知专利管理人。

专利管理人不在国外时，可将文件用航空挂号邮件发出。

依前款规定用邮件发出文件时，可视为发出时已通知。

**第一百九十三条** 专利厅发行专利公报。

在专利公报上，除本法律所规定的以外，必须登载下述事项：

（一）在申请公告或申请公开后旨在拒绝审查或专利申请的放弃、撤回或宣布无效；

（二）在申请公告或申请公开后继承领取专利的权利；

（三）申请公告后依第五十三条第一款（包括准用于第一百五十九条第一款）（包括准用于第一百七十四条第一款的场合及第一百六十一条之三第一款的场合）规定驳回的决定；

（四）申请公告后附加于申请书的明细书或图纸的补充；

（四之二）申请公开后附加于申请书的明细书或图纸的补充

(限于依第十七条之二第一项或第二项的规定)；

（五）专利权的消失继存期限已满和第一百一十二条第三款规定的除外；

（五之二）依第一百六十一条之二规定的审查旨在批准专利的审查（限于有关申请公告后请求的第一百二十一条第一款的审判)；

（六）审判或请求复审及其撤回，以及审判或者确定复审的审理决定；

（七）请求裁决及其撤回或裁决；

（八）关于第一百七十八条第一款申诉的确定判决。

**第一百九十四条** 专利厅长官或审查官有权向当事人提出要求为处理有关审判或复审手续以外的手续所必要的文件及其他物件。

专利厅长官或审查官有权向有关行政机关或学校及其他团体委托进行审查上必要的调查。

**第一百九十五条** 在附表中栏列举者，必须各自在同表下栏所列举的金额范围内缴纳按政令规定的手续费。

非专利申请人请求申请审查之后，根据该专利申请的申请书上附加的明细书进行的补充，或者因补充的驳回而记载于专利请求的范围内发明数量增加时，关于增加的发明，依前款规定须缴纳请求申请审查的手续费，不论同款的规定如何，必须由专利申请人缴纳。

前两款的规定，根据这些规定应缴纳手续费者为国家时则不适用。

缴错的手续费，将根据缴纳者之请求归还。

依前款规定的手续费的归还，自缴纳之日起经过一年之后，不得提出请求。

**第一百九十五条之二** 专利厅长官认为专利申请请求审查者

为该专利申请发明的发明人或其继承人因贫困无力缴纳依前条第一款规定应缴纳请求申请审查的手续费时，根据政令规定，有权减轻或免收其手续费。

**第一百九十五条之三** 关于补充驳回的决定、审查、审理决定及审判或复审请求书的驳回决定以及依本法律规定被定为不得提出不服申述的处分者，不得根据行政不服审查法提出不服的申述。

**附表 （第一百九十五条关系）**

| | 必须缴纳者 | 金 额 |
|---|---|---|
| 一 | 请求变更依第四条、第五条第一款或者第一百零八条第三款规定的期限之延长或依第五条第二款规定的日期者 | 每件 1300 日元 |
| 二 | 请求再发给专利证者 | 每件 3200 日元 |
| 三 | 依第三十四条第四款规定申报继承者 | 每件 3200 日元 |
| 四 | 提出专利申请者 | 每件 5400 日元 |
| 四之二 | 依第一百八十四条之五第一款规定须办理手续者 | 每件 5400 日元 |
| 四之三 | 依第一百八十四条之十六第一款规定提出申请者 | 每件 5400 日元 |
| 四之四 | 请求申请审查者 | 每件 19 000 日元并按每项发明再加 3000 日元 |
| 五 | 提出专利异议（包括有关请求公告提出异议）者 | 每件 3200 日元 |
| 六 | 依第七十一条第一款规定要求判决者 | 每件 12 000 日元 |
| 七 | 请求裁决者 | 每件 16 000 日元 |
| 八 | 请求取消裁决者 | 每件 8000 日元 |
| 九 | 请求审判或复审者 | 每件 8000 日元并按每项发明再加 8000 日元 |
| 十 | 申请参加审判或复审者 | 每件 16 000 日元 |

续表

| | 必须缴纳者 | 金　额 |
|---|---|---|
| 十一 | 依第一百八十六条规定请求证明者 | 每件 800 日元 |
| 十二 | 依第一百八十六条规定请求发给文件的副本或抄本者 | 副本或抄本每张 320 日元（外文文件每一百词或未满一百词 320 日元、文件中有图纸时每张图纸 12 000 日元、照片每张 2000 日元、专利厅发行的印刷品为副本或抄本时在其印刷品的价格上再加 240 日元） |
| 十三 | 依第一百八十六条规定请求阅览或誊写文件者 | 每件 320 日元（专利总账为 160 日元） |
| 十四 | 依第一百八十六条规定请求发给记载专利总账中用磁带制作部分所记录事项的文件者 | 每件 320 日元 |

## 第十一章　罚　　则

**第一百九十六条**　侵害专利权或专用实施权人，判五年以下徒刑或五十万日元以下罚金。

侵害第五十二条第一款（包括准用于第一百五十九第三款的场合及第一百六十一条之三第三款的场合）权利者，该专利权已进行设定注册时，判五年以下徒刑或五十万日元以下罚金。

前两款罪，按诉状论处。

**第一百九十七条**　依靠诈骗行为接受专利或审理决定者，判三年以下徒刑或二十万日元以下罚金。

**第一百九十八条**　违反第一百八十八条规定者，判三年以下徒刑或二十万日元以下罚金。

**第一百九十九条** 依本法律的规定进行宣誓的证人、鉴定人或翻译人向专利厅或受其委托的法院作出虚假的陈述、鉴定或翻译时，判三个月以上十年以下徒刑。

犯有前款罪者在确定事件的审查或审理决定之前招认时，可以减刑或免刑。

**第二百条** 专利厅的职员或在职人员泄露或盗用因其职务得知的专利申请中关于发明的秘密时，判一年以下徒刑或五万日元以下罚金。

**第二百零一条** 法人的代表人或法人或者别人的代理人、使用人及其他从业者，就该法人或别人的业务作出第一百九十六条第一款或者第二款、第一百九十七条或第一百九十八条的违反行为时，除罚处行为者外，按各条向该法人或别人判处罚金并量刑。

**第二百零二条** 依准用于第一百五十一条〔包括准用于第五十九条（包括准用于第一百六十一条之三第三款）或第一百七十四条第一款至第四款的场合〕的民事诉讼法第二百六十七条第二款或第三百三十六条规定进行宣誓者向专利厅或受其委托的法院作出虚假的陈述时，判五千日元以下过失罪罚款。

**第二百零三条** 依本法律规定接到专利厅或受其委托法院的传唤者，无正当理由而不前往，或拒绝宣誓、陈述、证言、鉴定或者翻译时，判五千日元以下过失罪罚款。

**第二百零四条** 关于调查证据或保全证据，依本法律规定被专利厅或受其委托的法院命令提出或出示文件及其他物件者在无正当理由而不服从其命令时，判五千日元以下的过失罪罚款。

## 第十二章　附　　则

本法律的施行日期，另以法律规定。

（根据 1959 年 4 月法第 122 号，自 1960 年 4 月 1 日起施行）

# 韩国专利法

（2010 年 1 月 27 日部分修订，2010 年 7 月 28 日起施行）

## 第一章 总 则

**第一条** （目的）为了保护和鼓励发明创造并推动发明创造的应用，推进技术进步，最终使其最大限度地服务于工业的发展，制定本法。

**第二条** （定义）本法用语，定义如下：

（一）“发明”是指运用自然法则及其技术思想进行创作并将其高度抽象的产物；

（二）“专利发明”是指经国家特别许可的发明；

（三）“实施”是指符合下列各项之一的行为：

1. 实物发明的实施包含对该物的生产、使用、转让、租赁以及进口，或者以转让或租赁该物为目的的要约（包括以转让或租赁为目的的展示或展览，下同）行为；

2. 方法发明（技术发明）的实施是指使用该方法的行为；

3. 生产实物发明的实施是指包括本款第 2 项所指的实施行为以外，根据该方法生产的实物进行使用、转让、租赁以及进口，或者以转让或租赁该物为目的的要约行为。

**第三条** （关于未成年人等的行为能力）未经其法定代理人的代理，未成年人、限定治产人以及禁治产人不能进行有关专利权的请求、申请和其他相关事宜（以下简称为“关于专利权的一切程序”）。但是未成年人和限定治产人获得完全行为能力的除外。

前款所指的法定代理人可以不经亲族会议的同意，实施与该专利权相关的诉讼或者复审的行为。

**第四条** （关于非法人社团等）非法人财团或社团有确定的管理人或代表人的，该管理人或代表人有权以该社团或财团的名义成为相关专利权审查、诉讼（包括复审案件）的申请人和被申请人。

**第五条** （境外的专利管理人）国内没有长期住所或者营业场所的人（以下称“在外人”），如果该在外人（法人时指该法人的代表人）在国内申请专利权和办理其他专利权相关事务的，应当委托在国内有长期住所或者营业场所的代理人（以下简称“专利管理人”）代为办理。未经委托代理人且其行为违反本法或违反根据本法制定的法令而受到行政处分的，该在外人无权依法提起行政诉讼。但该在外人在国内滞留的除外。

专利管理人在授权范围内有权为所有专利事务。若其行为违反本法或违反根据本法制定的法令而受到行政处分的，有权代理提出行政诉讼。

**第六条** （代理权的范围）受在外人委托的在韩国境内有长期住所或者营业场所的专利管理人，未经特别授权不得为下列行为，即专利申请的变更、放弃、撤回；专利权续展申请（仅限于专利权存续期间的申请）的撤回；专利权的放弃；专利申请的撤回；与专利权相关请求的撤回；依据本法第五十五条第一款规定的优先权主张或撤回；依据本法第一百三十二条第三款规定的提起诉讼或依法选任再代理人。

**第七条** （代理权的证明）办理专利权事务的代理人（包括专利管理人，下同）的代理权限需要书面的授权委托，否则视为无代理权。

**第七条之二** （对欠缺行为能力等的追认）如果没有行为能力或者没有法定代理权或者委托授权有欠缺的代理人进行专利行

为的，该行为在当事人或者其法定代理人追认的范围内发生法律效力。

**第八条** （代理权的不消灭）经合法的授权程序产生的代理人的权限，不因被代理人的死亡、丧失行为能力，作为被代理法人的合并而造成消灭，本人作为受托人时委托权的终了，本人的法定代理人的死亡、行为能力的丧失以及其代理权的消灭或变更而消灭。

**第九条** （个别代理）当事人有数个经合法授权的代理人的，在授权的范围内向专利厅和专利审判人员行使各自的代理权，互不影响。

**第十条** （代理人的改任）专利厅厅长或审判该案件的审判长认为办理相关专利事务的代理人不能适当处理专利事务，或者其口头表达能力无法达到非书面审理程序所要求的标准，从而认定其不适合办理专利事务的，可以要求变更代理人。

专利厅厅长或审理该案件的审判长认为办理相关专利事务的代理人不能适当处理专利事务，或者其口头表达能力无法达到口头审理程序所要求的标准，从而认定其不适合办理专利事务的，可以要求当事人另行委托代理人。

出现本条前两款情形的，专利厅厅长或审理该案件的审判长有权要求当事人在登记注册专利代理师中选任专利代理人。

根据本条第一款和第二款的规定作出相关决定后，在当事人另行委托代理人或选任专利代理师之前，专利厅厅长或审判该案件的审判长可以决定根据本条第一款规定而改正的专利行为以及第二款所指情形中原代理人在专利厅和审判厅进行的专利行为是否有效。

**第十一条** （复数当事人的代表）两个以上的当事人办理专利业务的，除符合下列各项之一的事务以外，各个当事人代表全体当事人。但是，在多个当事人中选定一个共同的代表人向专利厅或专利法庭进行申诉和请求的除外：

（一）专利申请的变更、放弃、撤回，或专利权存续期间的专利权续展申请的撤回；

（二）其他请求的撤回以及依据本法第五十五条第一款的规定提出的优先权申请及其撤回；

（三）其他请求的撤回；

（四）依据本法第一百三十二条第三款的规定提出的各项诉讼请求。

根据本条第一款但书的规定提出申诉或请求的，应当出具书面的共同代表人委托书。

**第十二条** （《民事诉讼法》的准用）本法没有对办理专利事务的代理人作出特别规定的，适用《民事诉讼法》第一编第二章第四节的相关规定。

**第十三条** （在外人的裁判籍）在外人就专利权或相关权利委托专利管理人的，该管理人的经常居住地或营业地为该在外人的住所地。如果无专利管理人的，根据《民事诉讼法》第十一条的规定，以专利厅的所在地为该在外人的财产所在地。

**第十四条** （期间的计算）本法以及依据本法制定的命令中规定的期间，根据下列方法计算：

（一）期间的开始日不计入期间，但是如果该期间从该日零点开始的除外；

（二）如果期间是以月或年为单位的，按日起算；

（三）如果期间的起算单位为日的，期间的截止日为起算日的前一日，但截止月没有相应的日期的，以截止月的最后一日作为期满之日；

（四）如果期间的最后一日为节假日（包括根据劳动法规定的劳动者节日和星期六）的，顺延至次日为期满之日。

**第十五条** （期间的延长等）依当事人的申请，专利厅厅长或专利法庭的庭长可以依据本法第一百三十二条之三的规定延长相应的期间，延长的部分不得超过三十日，延长的次数仅限一次。但是，因交通不便需要再延的除外。

专利厅厅长或专利法庭的庭长、审判长以及审判员，依据本法确定相关期间的，可以根据当事人的请求延长或缩短该期间。但是，期间的延长或缩短必须保证当事人的正当权益不受侵害。

审判长以及审判员根据本法的规定确定的相关期间或期日的，可以根据当事人的请求或者依职权作出变更该期间或期日的决定。

**第十六条** （已经进行的程序的失效）依据本法第四十六条的规定，专利厅厅长或专利法庭的庭长作出补正决定，该当事人未能在规定的期间内补正的，专利厅厅长或专利法庭的庭长有权决定已经过的程序效力。如果依据本法第八十二条第二款的规定，当事人未能在指定的期间内缴纳专利审查费用的，可以使专利申请书中添加的目录部分的补正归于无效。

专利厅厅长或专利法庭的庭长依据本条第一款的规定作出已经相关程序的无效决定，如果当事人未能遵守期间的规定是因不可归咎于当事人的不可抗力之事由引起的，当事人可以在该事由消灭之日起十四日内申请撤销该无效决定。但是，从该补正期间期满之日起超过一年的除外。

专利厅厅长或专利法庭的庭长依法撤销依据本条第一款或者根据本条第二款（但书部分除外）的规定作出的无效决定时，应当向接受该补正命令的当事人送达撤销通知书。

**第十七条** （程序的事后补充）如果当事人确因不可归咎于当事人的不可抗力之事由而不能遵守本法第一百三十二条第三款、第一百八十条第一款规定的期限的，可以自该不可抗力之事由消灭之日起十四日内补充该程序。但是，自该期间届满之日起超过一年的除外。

**第十八条** （程序效力的承继）办理专利权或相关权利的程序效力及于该权利的承继人。

**第十九条** （程序的继续执行）对于正在审理的专利事项和专利权的流转事项，专利厅厅长或审判长有权决定该权利的承继人继续该程序事宜。

**第二十条** （程序的中断）专利厅和专利法庭正在审理的有关专利的程序因下列事由的出现而中断，但有委任的代理人的除外：

（一）本人死亡的；

（二）本人为法人的场合，该法人因合并而消灭的；

（三）本人丧失程序行为能力的；

（四）本人的法定代理人死亡或其代理权消灭的；

（五）本人的受托人完成其受托事务的；

（六）依据本法第十一条第一款的规定，本人的代表人死亡或丧失代表资格的；

（七）破产管理人等依一定的资格而以自己的名义代替他人成为当事人的，该代理人丧失了资格或者死亡的。

**第二十一条** （被中断程序的恢复）根据本法第二十条的规定，专利厅和专利法庭决定中断审理的专利程序恢复后，由以下的当事人继承相关的程序权利：

（一）出现本法第二十条第一款规定的情形的，继承人、遗产管理人或依法办理该程序的人，但是可放弃继承权的期间未届满的继承人除外；

（二）在本法第二十条第二款规定的情形下，合并后仍存续的法人；

（三）在本法第二十条第三款和第四款规定情形下，恢复程序权利的当事人或新的法定代理人；

（四）在本法第二十条第五款的规定的情形下产生的新的受

托人；

（五）在本法第二十条第六款的规定的情形下产生的新的代表人或当事人；

（六）在本法第二十条第七款的规定的情形下产生的具有同一资格的人。

**第二十二条** （恢复程序的申请）恢复根据本法第二十条的规定被中断的专利程序，该申请可以由对方当事人提出。

一方当事人申请恢复根据本法第二十条的规定而中断的专利程序的，专利厅厅长或审判长应当将其通知另一方当事人。

对于申请恢复根据本法第二十条的规定被中断的专利程序的申请，专利厅厅长或审判员依据职权审查后认为理由不成立的，应当驳回该恢复申请。

专利厅厅长或审判员应当在送达决定书或审查决定的复印件之后，再决定是否接受该恢复程序的申请。

如果本法第二十一条规定的当事人没有按规定申请恢复被中断的专利程序的，专利厅厅长或审判员应当要求该当事人在规定的期间内申请恢复专利程序。该期间由专利厅厅长或审判员依职权作出决定。

如果当事人在本条第五款规定的期间内未能恢复程序的，视为在该期间终结后的第二天申请恢复程序。

依据本条第六款的规定，专利厅厅长或审判长认为可以恢复程序的，应当将其通知当事人。

**第二十三条** （程序的中止）因自然灾害、军事政变、动乱或其他不可归咎于当事人的不可抗力之事由，专利厅厅长或审判员无法履行职权的，专利厅或专利法庭在办或在审的程序中止，直至该事由消灭为止。

因当事人的原因专利厅或专利法庭正在进行的程序无法继续的，专利厅厅长或审判员可以依职权作出中止程序的决定。

专利厅厅长或审判员也可以依职权撤销依第二款的规定所作的决定。

根据本条第一款和第二款的规定，作出中止决定或作出撤销中止决定的，专利厅厅长或审判长应当将其通知当事人。

**第二十四条** （中断或中止的效力）与专利有关的所有程序事项被中断或中止后，停止计算其期间，待恢复通知发出或程序恢复后继续计算。

**第二十五条** （外国人的权利能力）居住在国外的外国人除下列情形之外，在韩国境内不享有专利权和其他与专利相关的权利：

（一）该外国人的所属国赋予大韩民国的国民与其本国国民同等条件下的专利权以及与专利相关的其他权利的；

（二）如果大韩民国承认该外国人享有专利权以及与专利相关的其他权利，该外国人的所属国赋予大韩民国的国民与其本国的国民同等条件下的专利权以及与专利相关的其他权利的；

（三）根据签订的条约以及准用条约（以下称“条约”）的规定赋予外国人专利权以及与专利相关的其他权利的。

**第二十六条** （条约的效力）条约的规定与本法不一致的，以条约的规定为准。

**第二十七条** 删除〈于2001.2.3〉

**第二十八条** （所提交的文书的生效时间）根据本法以及依据本法制定的命令向专利厅或者专利法庭提交的申请书、各类请求书以及其他文件（包括物品，下同），于该类文书到达至专利厅或专利法庭之日起生效。

将本条第一款中的申请书、请求书以及其他文件以邮寄的方法提交到专利厅和专利法庭的，以邮戳记载的寄出日为提交日。如果邮戳记载的日期不明确的，以邮局的接受回单记载的日期为提交日。但是，根据专利权以及其他相关权利的登记申请书和依据《专利协力条约》第二条第 vii 项的规定邮寄送达国际专利申请（以下称“国际专利申请”）的除外。

除本条第一款和第二款的规定外，其他邮件的迟延、消灭以及因邮寄业务的中断而引起的事由，根据知识经济部的规定执行。

**第二十八条之二** （固定序列号的记载）依据知识经济部的规定完成相关提交程序的，还应当向专利厅或专利法庭申请自己的固定序列号（根据本条第二款和第三款的规定已获得固定序列号的除外）。

当事人根据本条第一款的规定提出申请固定序列号的，专利厅厅长或专利法庭的审判长应当向该当事人颁发固定序列号，并通知当事人。

当事人没有根据本条第一款的规定提出申请固定序列号的，专利厅厅长或者专利法庭的审判长应当依职权向当事人颁发固定序列号，并通知当事人。

根据本条第二款和第三款的规定获得固定序列号之后在知识经济部办理专利权相关事宜的，应当在知识经济部的相关文书上记载其固定序列号。此时，不排除出现当事人违反本法或其他依法作出的决定在有关文书中记载个人的地址或法人营业所的所在地的可能。

本条第一款至第四款的规定亦适用于办理本条专利程序的代理人。

颁发固定序列号的申请、颁发固定序列号的通知以及其他有关固定序列号的事项由知识经济部作出规定。

**第二十八条之三** （有关利用电子文书申请专利的程序的执行）申请专利的当事人可以根据本法的规定将提交于专利厅和专利法庭的专利申请书与其他文书予以电子化，并将其通过信息通信网络的方式提交，也可以将该电子文书收录在磁盘、光盘等电子存储器中提交。

根据本条第一款的规定提交的电子文书与依本法的规定提交的书面文书具有同等的效力。

当事人通过信息通信网确认根据本条第一款的规定提交的电子文书的提交序列号的，以专利厅和专利法庭所使用的接收用信息处理系统的文件夹中所记载的时间为准。

根据本条第一款的规定，可以电子化的文书的种类和提交的方法以及提交电子文书的其他事项，根据知识经济部的相关规定处理。

**第二十八条之四** （利用电子文书的请求以及电子签名）以电子文书的形式申请专利的应当事先向专利厅或者专利法庭提出电子文书利用申请并获得许可，并应当在提交于专利厅或者专利法庭的电子文书上进行电子签名，以便于区分申请人。

根据第二十八条第三款的规定提交电子文书的当事人以该文书上的签名为准确定。

关于本条第一款规定的电子文书的申请程序、电子签名方法等事项，根据知识经济部的规定执行。

**第二十八条之五** （利用信息通信网的通知等事项的执行）专利厅厅长、专利法庭庭长、审判长、审判员、专利审查长以及专利审查官应当根据本法第二十八条之四第一款的规定，对申请电子提交的当事人作出通知和送达，且该通知和送达可以利用信息通信网为之。

根据本条第一款的规定，以电子化的方法进行的通知和送达与书面文件的送达方式具有同等的效力。

根据本条第一款的规定作出的通知等，以接收该通知的人所使用的信息处理系统的文件夹中记录的日期为专利厅和专利法庭所使用的发送用信息处理系统的文件夹中记载的内容到达之日。

根据本条第一款的规定，利用信息通信网作出的通知等的种类和方法等必要事项，以知识经济部作出的相关规定为准。

## 第二章 专利的要件与专利的申请

**第二十九条** （专利的要件）可以利用于工业生产且没有下列各项之一的发明，可以取得专利权：

（一）申请专利前已在国内或国外公开或公开使用的发明；

（二）申请专利前已在国内或国外发行的刊物上记载或在总统令规定的展示会上公开，从而使公众得以利用的发明。

申请专利前，在其技术领域内具备通用技术者根据本条第一款规定的发明而得到新的发明，且较为容易取得该新发明的，即使符合第一款的规定，也不授予专利权。

申请专利的发明，在该申请日前已经提出过发明专利申请或实用新型专利申请，而在该申请日后公开此先前申请的，或者申请专利的发明与公告登记的其他专利申请或实用新型注册申请的申请书中首次添附的专利说明书以及图表上记载的发明或实用新型方案相同的，即使该发明符合本条第一款的规定，也不得授予发明专利权。但是，该发明的发明人与其他申请专利的发明人以及实用新型的发明人为同一人的，或者申请发明专利的申请人与其他申请专利的申请人以及实用新型的申请人为同一人的除外。

在适用第三款规定的，如果其他的专利申请或实用新型的注册申请符合下列情形之一的，根据以下的规则处理。第三款中的“申请公开”将视为“申请公开或依据《专利协力条约》第二十一条规定的‘国际公开’”；“申请书中首次添附的专利说明书以及图表上记载的发明或实用新型方案”，如果是用韩国语提出的，将视为“国际专利申请日提出的国际专利申请的专利说明书、请求的范围以及图表中记载的发明或者实用新型方案”；如果是以外国语提出的，将视为“国际专利申请日提出的国际专利申请的专利说明书、请求的范围以及同时记载于图表和专利申请翻译文件中的发明或者实用新型方案”：

（一）其他的专利申请根据本法第一百九十九条第一款的规定，该国际专利申请被视为专利申请的情形（包括根据本法第二百一十四条第四款的规定被视为专利申请的国际专利申请）；

（二）根据《实用新型法》第三十四条第一款的规定，被视为实用新型注册申请的国际申请的（包括根据同法第四十条第四款的规定被视为实用新型注册申请的国际专利申请）。

**第三十条** （发明被视为未公开的情形）专利申请权人的发明符合下列情形之一的，从该日起六个月内申请专利的，在适用本法第二十九条第一款或第二款的规定时，视为该发明不符合第二十九条第一款规定的任何情形：

（一）因专利申请权人的行为，使该发明符合第二十九条第一款规定的情形之一的，但是根据条约和法律的规定在国内或国外公开申请或登记公告的除外；

（二）违反专利申请权人的意愿，使该发明符合第二十九条第一款规定的情形之一的。

如果当事人希望适用本条第一款第一项的规定的，应当在专利申请书中载明其目的，并向专利厅厅长出具相关的证明文件。

**第三十一条** 删除〈于 2006.3.3〉

**第三十二条** （不得授予专利的发明）违反公序良俗或者危害公共卫生的发明，即使符合第二十九条第一款和第二款的规定也不得授予专利。

**第三十三条** （专利申请权人）发明人或其继受人，可以根据本法的规定取得专利权。但是，专利厅的工作人员以及专利法庭的审判人员除继承或者受遗赠之外不得取得专利权。

二人以上共同发明的发明人，共有专利申请权。

**第三十四条** （无权利人的专利申请和对正当权利人的保护）无权利人（是指作为非发明人的除专利申请权继受人之外的人，

以下称“无权利人”）申请专利根据本法第三十三条第一款（除但书之外）的规定无权利人不具有申请专利权的资格，从而根据本法第六十二条第二款规定而不被授予专利权的，若正当权利人其后进行了专利申请，视为无权利人申请专利之时进行的专利申请。但是，自无权利人的申请被驳回之日起超过三十日的专利申请除外。

**第三十五条** （无权利人的专利与对正当权利人的保护）根据本法第三十三条第一款（不含但书）的规定无权利人不能被授予专利权。但是无权利人取得专利权之后，根据本法第一百三十三条第一款第二项的规定，法院作出该专利权无效的判决的，该无权利人的专利申请日视为正当权利人的专利申请日。但是，自该专利权登记公告之日起经过二年或者无效判决生效后经过三十日之后申请专利的除外。

**第三十六条** （先申请）就同一个发明，有两个以上的申请人在不同的时间申请专利的，先申请的人取得专利权。

就同一个发明，两个以上的申请人在同一日申请专利，经申请人协商一致确定一个申请人的，将专利权授予该申请人。如果无法协商或协商不成的，任何人都不得就该发明取得专利权。

申请专利的发明与申请注册登记实用新型的设计方案相一致的，如果二者非同一日申请的，适用本条第一款的规定；如果二者为同一日申请的，适用本条第二款的规定。

发明专利的申请以及实用新型注册登记的申请失效、撤回、被驳回或者当事人放弃申请的，该专利申请以及实用新型注册登记申请在适用本条第一款至第三款的规定时，先前的行为视为自始不存在。但是，该情形因符合本条第二款的后半部分（包括根据本条第三款的规定而适用的情形）的规定，对于该专利申请与实用新型的注册登记申请被驳回或者根据生效的判决确定被驳回的除外。

非发明人或非实用新型的设计人且未继受专利申请权的人提出专利申请或实用新型注册登记申请的，在适用本条第一款至第三款的规定时，视为该申请自始不存在。

出现本条第二款规定之情形的，专利厅厅长应当要求专利申请人在规定期间内报送协商的结论，如果在该规定的期间届满之时仍未收到上报的，视为该协商不成立。

**第三十七条** （专利申请权的转让）专利申请权是可以转让的。

不得以专利申请权设定质押。

如果权利申请权由多人共有，未经其他共有人的同意任何共有人不得转让其份额。

**第三十八条** （专利申请权的受让）在申请专利之前受让专利申请权的，如果该受让人未申请专利，受让的权利不得对抗第三人。

两个以上的人从同一个人处受让专利申请权，且在同一天申请专利的，除协商确定一个受让人的以外，其他专利权的受让不生效力。

从同一个人处受让同一专利申请权或者实用新型注册登记申请权的权利人，在同一日申请发明专利或者注册登记实用新型的，准用本条第二款的规定。

在申请专利后，受让专利申请权的，除继承或者其他一般受让之外，受让人如不进行专利申请人变更登记，该受让的权利不生效力。

发生专利申请权的继承或者其他一般受让的，受让人应当及时上报给专利厅厅长。

就从同一个人处受让的专利申请权，两个以上的受让人同一日申请进行专利申请人变更登记的，除申请人协商一致确定的一个受让人的申请之外，其他受让人的申请不生效力。

第三十六条第六款的规定，也适用于本条第二款、第三款以及第六款规定的情形。

**第三十九条** 删除〈于 2006.3.3〉

**第四十条** 删除〈于 2006.3.3〉

**第四十一条** （国防所需的发明等）对于国防所需的发明，政府有权禁止权利人提出国际专利申请，也有权命令发明人、请求人以及代理人对该发明予以保密。但是，经政府许可的发明可以在国外申请专利。

对于国防所需的发明，政府可以不授予其专利权。在战时或动乱等非常时期，出于国防的需要也可以征用该发明的专利申请权。

适用本条第一款的规定致使权利人遭受损失的，政府应当支付适当的补偿金。

根据本条第二款的规定，政府不授予专利或者征用其专利申请权的，应当支付适当的补偿金。

违反本条第一款关于禁止在国外申请专利和保密义务规定的，视为放弃专利申请权。

违反本条第一款关于禁止在国外申请专利和保密义务规定的，视为放弃受补偿的权利。

有关本条第一款关于禁止在国外申请专利和保密处理的程序、本条第二款至第四款征用以及支付补偿金的程序和其他必要事项，以总统令加以规范。

**第四十二条** （专利的申请）专利申请人应当向专利厅厅长提交专利申请书，该申请书应当记载下列事项：

（一）专利申请人的姓名、住所（申请人为法人的载明其营业所）；

（二）有专利申请代理人的，载明代理人的姓名、住所地或其营业地（代理人为专利代理法人的，载明其名称、营业地和指定的专利代理师的姓名）；

（三）删除〈于2001.2.3〉；

（四）发明的名称；

（五）发明人的姓名和住所地。

根据本条第一款的规定，专利申请书应当包括记载下列事项的说明书（申请目录）、必要的图表以及简单的说明文书：

（一）发明的名称；

（二）对图表的简单说明；

（三）对发明的详细说明；

（四）专利权的请求范围。

本条第二款第三项规定的对发明的详细说明应当根据知识经济部规定的记载要求进行详细的说明，能够使在该技术领域内具备一般知识的人易于实施。

根据本条第二款第四项的规定，专利权的请求范围是指拟受保护的各类事项和要求（以下简称“请求项”），并符合下列（一）和（二）项的要求：

（一）必须以对发明的详细说明作为基础；

（二）通过该请求项，该发明能够得到明确而简约的说明。

专利申请人申请专利时，可以提交未包括专利请求范围的说明书（请求目录），但是必须在下列规定的期间内，保证说明书（请求目录）能够体现专利权的请求范围：

（一）从本法第六十四条第一款规定的日期起至一年六个月的期间届满前；

（二）在（一）项规定的期间内，根据本法第六十条第三款的规定，从官方收到审查申请之日起至三个月的期间届满前（以符合本法第六十四条第一款中的任何一项时间为起始日，如果从这一日起经过一年三个月后收到通知的，可以再顺延三个月）。

根据本条第二款第（四）项的规定记载专利权的请求范围

时，应当记载其构造、方法、功能、实物特征以及其相互之间的关系，使某项发明特定化，以明确拟受保护的范围。

专利申请人提出申请后，未能根据本条第五款各项的规定，在指定期限内补正说明书的，视为自行撤回。撤回的日期为该期间届满后的第二天。

关于第二款第四项规定的专利权请求范围的记载方法及其相关事项由总统令作出规定。

第二款规定中的简约说明书的记载方法以及相关事项由知识经济部作出规定。

**第四十三条** （简约说明书）第四十二条第二款规定的简约说明书，应当用于技术情报，不得确定为发明专利的保护范围。

**第四十四条** （共同申请）根据本条第三十三条第二款的规定，专利申请权人为二人以上的，应当由全体共有人共同申请。

**第四十五条** （申请专利的范围）申请专利，以一项发明为一个专利申请。但是，如果一组发明为一个总括性发明的必要组成部分，可以将该一组发明的专利申请视为一个专利申请。

本条第一款规定的一个专利申请的范围之要件，由总统令作出规定。

**第四十六条** （程序的补正）专利厅厅长和专利法庭的审判长，就申请专利的有关事项符合下列规定之一的，应当要求当事人予以补正：

（一）违反本法第三条第一款及第六条规定的；

（二）其行为违反本法或根据本法作出的命令的；

（三）未按照第八十二条的规定缴纳相关费用的。

**第四十七条** （专利申请的补正）专利申请人可以在本法第四十二条第五款规定的期限内，或者在根据本法第六十六条规定送达专利决定文书前，可以补正专利申请书中的说明书以及图表。但是，在收到本法第六十三条第一款规定的驳回理由通知书

(以下称“驳回理由通知书”）的，只能在下列各项规定的期间内（第三项仅指那一时）进行补正：

（一）首次收到驳回理由通知书（依驳回理由通知书的补正而引发的驳回理由通知除外），或者收到非第二项规定的驳回理由通知的驳回理由通知书的，为相应的驳回理由通知书规定的意见书提交期间；

（二）按驳回理由通知的要求补正后，再次驳回该补正的，根据后一通知指定的期间要求办理。

（三）根据本法第六十七条第二款的规定，申请复审之时。

根据本条第一款的规定，说明书以及图表的补正，不得超出首次提交的说明书和图表的范围。

必须在符合下列各项之一时，根据本条第一款第二项、第三项的规定，补正专利权的请求范围：

（一）限定或者删除请求项，以及附加于请求项缩减专利请求之范围的；

（二）纠正错误表述的；

（三）修改模糊记录的；

（四）因补正超出第二款规定的范围，而进行再补正或者根据本条第一款至第三款的规定补正专利权请求范围的。

**第四十八条** 删除〈于 2001. 2. 3〉

**第四十九条** 删除〈于 2006. 3. 3〉

**第五十条** 删除〈于 1997. 4. 10〉

**第五十一条** （驳回补正）专利审查官认为当事人根据本法第四十七条第一款第二项及第三项的规定所作的补正，违反了同条第二款及第三款，或者因该补正（根据同条第三款第一项和第四项所作的删除请求项的补正除外）而产生新的驳回理由的，应当决定驳回其补正。但是，根据本法第六十七条之二的规定，申请复审的，在该申请之前进行的补正除外。

根据本条第一款的规定所作的驳回决定，应当以书面方式作出，并说明理由。

对于根据本条第一款的规定作出的驳回决定，不得提出异议。但是，根据本法第一百三十二条之三的规定法院对该决定进行审理的除外（根据本法第六十七条的之二的规定申请复审的，在复审之前所作的驳回决定除外）。

**第五十二条** （分别申请）专利申请人将两个以上的独立发明，作为一个专利申请的，在首次提交的专利说明书及图表中所记载的事项范围内，在符合下列各项之一的期间，可以将其中部分内容加以分割，分别申请专利：

（一）根据本法第四十七条第一款的规定，可以补正的期间内；

（二）在收到驳回专利申请通知后，根据本法第一百三十二条之三的规定可以起诉的期间内。

根据本条第一款的规定，当事人提出分别申请（以下称“分别申请”）的，其申请日为原申请的申请日。但是，符合下列情形时，视为分别申请之日为申请日：

（一）符合本法第二十九条第三款的规定的其他专利申请，或者符合《实用新型法》第四条第三款规定的专利申请，而适用本法第二十九条第三款或者《实用新型法》第四条第三款规定的；

（二）适用本法第三十条第二款规定的；

（三）适用本法第五十四条第三款规定的；

（四）适用本法第五十五条第二款规定的。

根据本条第一款的规定提出分别申请的，应当在其分别专利申请书表明其目的及作为该分别申请基础的专利申请。

提出分别申请时，根据本法第五十四条的规定主张优先权的，应当根据该条第四款的规定，在提出分别申请日起三个月内向专利厅厅长提出。此时不适用该条第五款的规定。

**第五十三条** （变更申请）实用新型的注册申请人，可以在首次提出的注册申请书的说明书或者图表所记载的内容范围内，将其实用新型注册登记申请变更为专利申请。但是，自收到驳回实用新型注册登记申请的决定书之日起经三十日后提出的除外。

根据本条第一款的规定提出变更申请的，变更后的申请日为原申请日。但是，符合下列情形之一的除外：

（一）符合本法第二十九条第三款的规定的其他专利申请，或者符合《实用新型法》第四条第三款规定的专利申请，而适用本法第二十九条第三款或者《实用新型法》第四条第三款规定的；

（二）适用本法第三十条第二款规定的；

（三）适用本法第五十四条第三款规定的；

（四）适用本法第五十五条第二款规定的。

依据本条第一款的规定申请变更的，应当在其变更申请书中表明其变更的目的及作为该变更申请基础的实用新型注册登记申请。

当事人变更申请的，视为撤回原实用新型注册登记申请。

本条第一款规定的三十日的期间，根据《实用新型法》第三条的规定准用于本法第十五条第一款，如果本法第一百三十二条第三款规定的期间得到延长的，视为根据该延长的期间得到延长。

申请变更的同时，根据本法第五十四条的规定主张优先权的，应当根据该条第四款的规定，在提出分别申请日起三个月内向专利厅厅长提出。此时不适用该条第五款的规定。

**第五十四条** （条约规定的优先权）根据国际条约，赋予韩国国民以专利优先权的国家国民在其本国或其他缔约国申请专利后，就该同一发明在韩国主张优先权的，在适用本法第二十九条及第三十六条规定时，将其原申请日视为在韩国的专利申请日。

韩国国民根据国际条约在其他承认韩国国民专利优先权的缔约国申请专利后，在韩国主张优先权的，也适用本条规定。

根据本条第一款的规定，主张优先权的期间为一年，该期间从首次申请专利之日起计算。

根据本条第一款的规定主张优先权的，申请专利时应当在申请书中载明其目的及最初提交专利申请的国家名称和申请日，申请日以年月日的顺序标明。

根据本条第三款的规定主张优先权的，应当向专利厅厅长提交符合下列要求之一的书面文书：

（一）最初提交专利申请的国家政府所认可的、记载专利申请年月日的书面文件、发明的说明书以及图表的复印件；

（二）载明最初提交专利申请的国家颁发的专利序列号的书面文件。

本条第四款规定的书面文件应当在下列各项规定的起算日起一年四个月内提出：

（一）首次在条约缔约国申请专利的申请日；

（二）申请专利时，根据本法第五十五条第一款的规定一并主张优先权的，最先申请专利的申请日；

（三）申请专利时，根据本条第三款的规定一并主张优先权的，最先申请专利的申请日。

根据本条第三款的规定主张优先权的当事人，在本条第五款规定的期间内没有提出符合该条第四款要求的书面文书的，不享有优先权。

根据本条第一款的规定主张优先权，且具备本条第二款规定之要件的，可以在本条第五款规定的最初申请日起一年四个月内，主张优先权或补正其优先权申请。

**第五十五条** （优先权的提出）专利申请权人，先前申请专利或实用新型注册登记（以下称“先申请”）的，可以以申请书中最初附加的说明书或者图表中记载的发明为基础，就该专利申请的发明主张优先权，但是，符合下列情形之一的除外：

（一）从先申请日起一年后申请的；

（二）该先申请为本法第五十二条第一款规定（包括根据《实用新型法》第十一条的规定准用该规则的情形）的分别申请或者本法第五十三条以及《实用新型法》第十条规定的变更申请的；

（三）申请专利时，专利申请权人放弃或撤回其先申请或者先申请归于无效的；

（四）申请专利时，该先申请被有关机关否决或者已确定不能取得专利权的。

根据本条第一款的规定主张优先权的，在申请专利时应当在其申请书中表明其目的及先申请的事实。

根据本条第一款的规定，在申请发明专利权的同时主张优先权，而先申请的申请书中的说明书或者图表所记载的发明与其他发明相同的，如果该其他发明适用本法第三十条第一款、第三十六条第一款至第三款、第九十六条第一款第三项、第九十八条、第一百零三条、第一百零五条第一款及第二款、第一百二十九条，以及第一百三十六条第四款（包括因第一百三十三条之二的第四款的规定而适用本款规定的情形）；《实用新型法》第七条第三款及第二十五条的规定；《外观设计保护法》第四十五条、第五十二条第三款规定时，该发明的专利申请日为先申请的申请日。

根据本条第一款的规定，在申请发明专利权的同时主张优先权，而先申请的申请书中的说明书或者图表所记载的发明与其他发明相同，而该其他发明专利权被公开或者公告注册登记的，视为该先申请已经公开，并适用本法第二十九条第三款（不含但书）或者《实用新型法》第四条第三款（不含但书）的规定。

先申请符合下列各项之一，且该先申请的申请书中的说明书或者图表所记载的一项或多项发明作为其他某项专利申请之根据的，该某项专利申请书中的说明书或者图表所记载的发明不适用本条第三款和第四款的规定：

（一）提出先申请时，根据本条第一款的规定同时主张优先权的；

（二）提出先申请时，根据《保护工业产权巴黎公约》第四条第四款第一项的规定主张优先权的。

适用本条第四款规定时，该先申请符合下列情形之一的，本法第二十九条第四款中的“国际专利申请日提出的国际专利申请的专利说明书，或请求的范围或图表以及同时记载于图表和申请翻译文件中的发明或实用新型方案”将被视为“国际专利申请日提出的国际专利申请的专利说明书或者在请求的范围或图表中记载的实用新型方案”：

（一）根据本法第一百九十九条第一款的规定，该先申请被视为专利申请的国际专利申请的（包括根据本法第二百一十四条第四款的规定视为专利申请的国际申请）；

（二）根据《实用新型法》第三十四条第一款的规定，先申请被视为实用新型登记的国际申请的（包括根据同法第四十条第四款的规定，被视为实用新型登记申请的国际申请）。

因具备本条第一款规定的要件而主张优先权的，应当在自先申请日（如果申请日为两个以上的，从先申请日计算）之日起一年四个月内，补正或追加其优先权的申请。

**第五十六条** （先申请的撤回）根据本法第五十五条的规定，作为优先权根据的先申请，自该申请日起一年三个月内不主张优先权的，视为撤回该先申请。但是，该先申请符合下列各项情形之一的除外：

（一）放弃、宣告无效或撤回的；

（二）专利行政机构或法院作出是否授予发明专利权，或是否办理实用新型登记之决定的；

（三）撤回作为该先申请之根据的优先权主张的。

根据本法第五十五条第一款的规定在申请专利时一并主张优先权的申请人，自先申请日起经过一年三个月之后不得撤回优先权的申请。

根据本法第五十五条第一款的规定在申请专利时一并主张优先权的申请人，自先申请日起一年三个月内撤回专利申请的，视为同时撤回优先权。

## 第三章　专利申请的审查

**第五十七条**　（专利审查官的审查）专利厅厅长领导专利审查官进行审查。

有关专利审查官的资质与任免由总统令作出规定。

**第五十八条**　（关于现有技术的调查）专利厅厅长审查专利申请（包括对国际专利申请的国际调查以及国际预先审查），认为确有必要的，可以指定专门机构调查现有技术、查询国际专利的授予目录，以及为总统令规定的其他业务。

专利厅厅长审查专利申请（包括对国际专利申请的国际调查以及国际预先审查），认为确有必要的，可以邀请政府机关、相关技术机构以及其他知识经验丰富者参与或者听取其意见。相关费用由专利厅在预算中支付。

根据本条第一款的规定指定专门机构的标准和其他相关事项以及有关调查现有技术、查询国际专利的授予目录等事项由总统令作出规定。

**第五十八条之二**　（撤销对专业机构的指定）专利厅厅长根据本法第五十八条第一款的规定指定专业机构的，如有符合下列第一款规定之情形，应当撤销其指定；如有符合第二款规定之情形，应当撤销指定或者要求其在六个月内停止其指定的业务：

（一）以虚假和其他不当的手段取得指定的；

（二）不符合本法第五十八条第三款规定的指定标准的。

专利厅厅长根据本条第一款的规定撤销指定的，应当组织听证会。

关于本条第一款规定的撤销指定以及停止业务的标准和程序由知识经济部作出规定。

**第五十九条** （申请审查专利申请）审查专利申请，须以当事人申请为要件。

申请专利后，至申请日起五年内任何人都有权提出审查要求，但是，由专利申请人提出审查请求时，仅限于专利申请书中附上载明专利权请求范围的说明书的情形。

根据本法第五十二条第二款的规定提出分别申请，或根据本法第五十三条第二款的规定提出变更申请的，在经过本条第二款规定的期间后，可以在提出分别申请或变更申请之日起三十日内申请审查专利申请。

审查专利申请的请求不得撤回。

根据本条第二款和第三款的规定，在有权提出审查申请的期间内未提出的，视为撤回其专利申请。

**第六十条** （申请审查的程序）审查专利申请的申请人，应当把记载下列事项的请求书交于专利厅厅长：

（一）申请人的姓名和住所地（申请人为法人的，注明其名称和营业地）；

（二）删除〈于 2002.12.11〉；

（三）标明其申请审查的专利。

在公开专利申请前提出审查的，专利厅厅长应当在收到公开申请后及时发出专利公告。公开专利申请后申请审查的，收到审查请求后及时发出专利公告。

专利厅厅长收到非专利申请人提交的审查申请的，应当通知专利申请人。

**第六十一条** （优先审查）专利申请符合下列情形之一的，专利厅厅长有权指定专利审查官优先审查该专利申请：

（一）申请公开后，非申请人已将该专利用于经营活动的；

（二）符合总统令的规定，且有必要进行紧急处理的。

**第六十二条** （驳回申请的决定）专利申请符合下列情形之一的，专利审查官应当作出驳回申请的决定：

（一）根据本法第二十五条、第二十九条、第三十二条、第三十六条第一款至第三款或者第四十四条的规定，不得授予专利的；

（二）根据本法第三十三条第一款（除但书外）的规定无权取得专利或者根据同条同款之但书的规定不得授予专利的；

（三）违反国际条约规定的；

（四）不具备本法第四十二条第三款、第四款、第八款或者第四十五条规定之要件的；

（五）该专利申请的补正，超出本法第四十七条第二款规定之范围的；

（六）该分别申请超出本法第五十二条第一款规定之范围的；

（七）该变更申请超出本法第五十三条第一款规定之范围的。

**第六十三条** （驳回理由的通知）根据本法第六十二条的规定专利审查官作出驳回申请决定的，应当说明理由并要求当事人在指定的期间内提出意见。但是，根据本法第五十一条第一款的规定，决定不予受理的除外。

因专利权请求范围包含两个以上请求项，根据本条第一款的规定决定驳回申请的，专利审查官应当明确被驳回的请求项，并告知具体理由。

**第六十三条之二** （专利申请相关情报的提供）某项专利申

请不符合法律规定的条件的，任何人都有权向专利厅厅长提供证明该专利申请符合驳回要件而不得授予专利的情报和证据。但是，不具备本法第四十二条第八款以及第四十五条规定之要件的除外。

**第六十四条** （专利申请的公开）自下列各项规定之日起经过一年六个月之时或者自专利申请之日起经过一年六个月之前申请人申请公开的，专利厅厅长应当根据知识经济部的规定，在专利公报上公开该专利申请，但是，根据本法第四十二条前三项的规定，申请专利的专利说明书上没有记载专利请求范围的，以及根据本法第八十七条第三款的规定进行公告登记的，不公开专利申请：

（一）根据本法第五条第一款的规定，申请专利的同时主张优先权的，作为该优先权根据的专利申请日；

（二）根据本法第五条第一款的规定，申请专利的同时主张优先权的，该专利的先申请日；

（三）根据本法第五十三条第一款、第五十五条第一款的规定，某专利申请主张两个以上的优先权的，最先的先申请日；

（四）不属于前三项的专利申请的，为其专利申请日。

本条第一款规定的专利申请的公开，准用本法第八十七条第四款的规定。

关于本条第一款规定的专利申请的公告公开表中应记载的事项，由总统令作出规定。

**第六十五条** （公开专利申请权的效力）公开专利申请后，专利申请人可以以书面形式警告利用该发明进行经营活动的实施人所利用的发明已申请专利。

如果该实施人不停止相关经营性行为的，专利申请人有权请求支付补偿金。补偿金的数额为从该实施人收到本条第一款的警告或知道该公开的事实之日起至该专利申请人取得专利权登记之日期间一般能够取得的收益。

本条第二款规定的补偿金请求权，自该申请人取得专利权登记之日起生效。

行使本条第二款规定的请求权的，不影响专利权的行使。

根据本条第二款的规定当事人行使该请求权的，适用本法第一百二十七条、第一百二十九条、第一百三十二条和民法第七百六十条、第七百六十六条的规定。民法第七百六十六条第一款规定的“受害人及其法定代理人知道该损害以及侵害人之日”为该专利权的登记公告日。

公开专利申请后，当事人放弃、撤回专利申请，或者该申请归于无效的，以及专利申请的驳回决定生效的，或者根据本法第一百三十三条的规定官方文件确定该专利无效的（同条第一款第四项规定的情形除外），本条第二款规定的请求权视为自始不存在。

**第六十六条** （专利权的授予）专利审查官就专利申请未发现驳回理由的，应当决定授予专利权。

**第六十六条之二** （依职权的补正）专利审查官在作出授予专利决定时，发现专利申请书中添附的说明书、图表、简约说明书的记载有明显错误的，可以依职权进行补正（以下称“职权补正”）。

根据本条第一款的规定进行补正的，应当依据本法第六十七条第二款的规定，在送达申请人授予专利的决定书复印件的同时，告知该职权补正的相关事项。

专利申请人不认可该补正事项的部分或全部内容的，根据本法第七十九条第一款的规定在缴纳专利费之前向专利厅厅长提出书面意见。

专利申请人根据本条第二款的规定提出书面意见的，该相应的职权补正事项的全部或者部分内容视为自始未存在。

对并非明显错误记载的事项进行职权补正的，视该职权补正自始未存在。

**第六十七条** （决定是否授予专利权的方式）授予专利权的决定以及驳回专利申请的决定（以下称“是否授予专利的决定”），应当以书面方式作出，并说明理由。

专利厅厅长作出是否授予专利的决定的，应当向申请人送达该决定书的复印件。

**第六十七条之二** （复审查的提出）专利申请人有权自收到驳回申请决定书的复印件之日起三十日（根据本法第十五条第一款的规定，本法第一百三十二条第三款规定的期间被延长的，指该延长的期间）内通过补正申请书中的说明书或者图表的形式提出复审查。但是，已经复审查作出驳回决定或者根据本法第一百三十二条第三款的规定提起诉讼的除外。

根据本条第一款的规定提出复审查请求的，之前所作的驳回申请的决定视为已撤销。

根据本条第一款的规定提出的复审查请求不得撤回。

**第六十八条** （审查适用的诉讼规则）专利申请的审查适用本法第一百四十八条第一款至第五款以及第七款的规定。

**第六十九条** 删除〈于 2006. 3. 3〉

**第七十条** 删除〈于 2006. 3. 3〉

**第七十一条** 删除〈于 2006. 3. 3〉

**第七十二条** 删除〈于 2006. 3. 3〉

**第七十三条** 删除〈于 2006. 3. 3〉

**第七十四条** 删除〈于 2006. 3. 3〉

**第七十五条** 删除〈于 2006. 3. 3〉

**第七十六条** 删除〈于 2006. 3. 3〉

**第七十七条** 删除〈于 2006. 3. 3〉

**第七十八条** （审查程序以及诉讼程序的中止）审查专利申

请，认为确有必要的，在作出最终审查决定或相关诉讼程序终结之前，可以中止该审查。

法院审理相关诉讼，认为确有必要的，可以在有关专利申请的决定生效之前中止诉讼程序。

对本条第一款和第二款的中止决定，不得提出异议。

## 第四章　专利费与专利权登记

**第七十九条**　（专利费）申请专利权登记的当事人，应当根据本法第八十七条第一款的规定，一次性缴纳自登记日起三年的专利费。三年期满后在该登记日到来之前按年缴纳专利费。

当事人也可以不受本条第一款规定的限制一次性缴纳专利权存续期间的所有专利费。

关于本条前两款的规定的专利费，其缴纳方法、缴纳时间，及其他必要事项由知识经济部作出规定。

**第八十条**　（由利害关系人缴纳专利费）利害关系人愿意缴纳专利费的，无需经缴纳义务人的同意。

根据本条第一款的规定缴纳专利费的当事人，可以在已缴纳的额度范围内要求受益人返回该不当得利。

**第八十一条**　（专利费的追缴）申请专利权登记的义务人或专利权人，未在本法第七十九条第三款规定的缴纳期间内交清应纳专利费的，可以在期满后六个月内追缴。

当事人根据本条第一款的规定追缴专利费的，应当依知识经济部的规定缴纳滞纳金，滞纳金的额度不超过应缴费用的两倍。

义务人在本条第一款规定的追缴期间仍未缴纳的（本法第八十一条之二的第二款规定的保全期间还未届满的，是指在该保全期间内没有保全的情形），视为申请专利权登记的当事人放弃该申请。专利权人的该专利权自本法第七十九条第一款或者第二款规定的期间届满之日的次日消灭，且具有溯及力。

**第八十一条之二** （专利费的补交）申请专利权登记的权利人或专利权人，未在本法第七十九条第三款和第八十一条第一款规定的期间内补交的，专利厅厅长应当要求义务人补交。

根据本条第一款规定接到补交要求的当事人，应当自收到该要求之日起一个月内补交。

根据本条规定补交专利费有符合下列情形之一的，应当根据规定缴纳滞纳金，其额度不超过未缴纳费用的两倍，滞纳金的计算方法由知识经济部作出规定。

（一）超过本法第七十九条第三款规定的期间补交专利费的；

（二）超过本法第八十一条第一款规定的追缴期间补交专利费的。

**第八十一条之三** （因追缴补交引起的专利申请以及专利权的恢复）因不可归咎于申请专利权登记的专利权人的不可抗力事由，未在本法第八十一条第一款规定的追缴期间内缴纳或者未在本法第八十一条第二款第二项规定的补交期间内缴清专利费的，应当自该不可抗力事由消灭之日起十四日内缴清。但是，自追缴日或补交日起超过六个月的除外（起始日以在后的日期为准）。

根据本条第一款的规定缴纳专利费的，不适用本法第八十一条第三款的规定，视其不放弃专利申请，其专利权的效力仍存续。

义务人未在本法第八十一条第一款规定的追缴期间内缴纳或者未在本法第八十一条第二款第二项规定的补交期间内缴清专利费的，专利权消灭。该专利权人自本条期间届满之日起三个月内根据本法第七十九条的规定缴纳三倍数额于原专利费的滞纳金，并申请恢复专利权的，该专利权即恢复且效力存续。

超过专利费追缴期间缴纳或者在补交期间届满前（以下称“有限效力期间”）有其他实施该发明专利的，本条第二款和第三款规定的专利权申请或者专利权归于无效。

有限效力期间内，已在国内实施或准备实施（根据本条第二款和第三款规定的）正在申请专利的发明或者专利发明的实施人，可以在其正在实施或准备实施的范围内继续实施该发明或专利发明。

根据本条第五款的规定继续实施该发明或者专利发明的，应当向专利权人或者独占实施权人支付相应的费用。

**第八十二条** （需要缴纳的前期费用）办理专利权相关事项的当事人，应当支付相应的费用。

非专利申请权人请求审查该专利申请后，因专利申请人补正专利申请书中的说明书而使请求项增加的，该专利申请人应当对新增的请求项，支付相应的审查费用。

本条第一款规定的费用的数额、缴纳方法和缴纳期间以及其他必要的事项由知识经济部作出规定。

**第八十三条** （专利费以及其他费用的减免）符合下列条件之一的，不适用本法第七十九条和第八十二条的规定，专利厅厅长有权免除专利费以及其他费用：

（一）由国家申请专利或专利权归属于国家的；

（二）根据本法第一百三十三条第一款、第一百三十四条第一款或者第一百三十七条第一款的规定，专利审查官向法院起诉，请求判决该专利权无效的。

根据《公民基础生活保障法》接受国家保障金的个人或者知识经济部规定的其他人申请发明专利的，专利厅厅长有权减免本法第七十九条和第八十二条规定的、为取得专利登记缴纳的最初三年的专利费以及知识经济部规定的其他费用。

根据本条第二款的规定，希望减免专利费和其他费用的当事人，应当根据知识经济部的规定向专利厅厅长提出减免申请。

**第八十四条** （专利费的退还）已缴纳的费用不予退还，但符合下列规定之一，且由缴费人提出申请的费用除外：

（一）缴纳错误的专利费和其他费用；

（二）确定该专利无效后的费用；

（三）专利权存续期间当事人申请延长登记的，该申请被确认无效后的第二年开始缴纳的专利费；

（四）申请专利（分别申请、变更申请、申请专利时一并主张优先权的除外）后一个月内撤回申请或放弃申请的，专利申请费和请求审查专利申请的费用。

专利厅厅长发现本条第一款规定的情形的，应当及时告知缴费义务人。

根据本条第一款但书的规定请求退还费用的，应当自收到本条第二款规定的通知之日起三年内提出，超过该期间的无效。

**第八十五条** （专利权登记簿册）专利厅厅长应当在专利厅备齐相应的专利权登记簿册，并记载以下事项：

（一）专利权的授予、移转、消灭、恢复、限制以及专利权有效期的延长；

（二）专利的独占实施以及一般实施的许可、维持、移转、变更、消灭及其限制；

（三）以取得专利权、专利的独占实施权以及一般实施权的质权的设定、移转、变更、消灭以及限制。

本条第一款规定的专利权登记簿册可以以磁带等存储形式存在。

除本条第一款和第二款规定之外的登记事项及登记程序事项由总统令作出规定。

发明专利说明书、图表以及总统令规定的其他文书应视为专利权登记簿册的组成部分。

**第八十六条** （专利权证书的交付）专利厅厅长完成专利权登记的，应当向申请专利权的当事人颁发专利权证书。

专利权证书中的内容与专利登记簿册记载的内容不一致的，

专利厅厅长应当依申请或依职权收回该专利权证书，并进行相应的修改后交付当事人，或者颁发新的专利权证书。

根据本法第一百三十六条第一款的规定，法院作出的修改判决生效的，专利厅厅长应当向权利人颁发新的专利权证书。

## 第五章 专 利 权

**第八十七条** （专利权的授予登记与登记公告）专利权自注册登记时产生。

符合下列条件之一的，专利厅厅长应当进行专利权登记：

（一）根据本法第七十九条第一款的规定缴纳专利费的；

（二）根据本法第七十九条第一款的规定追缴专利费的；

（三）根据本法第八十一条之二第二款的规定补交专利费的；

（四）根据本法第八十一条之三第一款的规定缴纳专利费或补交专利费的；

（五）根据本法第八十三条第一款第一项以及第二款的规定，免除专利费的。

专利厅厅长根据本条第二款的规定进行登记的，应当将其记载于登记公报中，完成公告登记。

要求保密的发明专利，在解除保密之前应当暂缓公告登记，待解除该保密措施后及时公告。

自公告登记日起三个月内，专利厅厅长应保证社会公众能够阅览该专利权的专利申请书及其他附件。

根据本条第三款的规定进行公告登记的，应当记载于专利公报中的事项由总统令作出规定。

**第八十八条** （专利权的存续期间）专利权的存续期间为，根据本法第八十七条第一款的规定进行专利权登记之日起二十年。

本法第三十四条和第三十五条规定的其他有权人的专利申请

成立的，本条第一款规定的专利权存续期间从申请专利的次日起计算。

**第八十九条** （专利权存续期间的续展）作为本法第八十八条第一款的例外规定，实施某项发明专利必须根据其他法令的规定得到相关许可或进行登记，且为此许可或登记等（以下称“许可等”）而需要进行必要的活性、安全性等检验而需要较长时间的、由总统令规定的发明的情形，可以在五年期间内申请延长专利权的存续期间。

**第九十条** （专利权存续期间的延长登记申请）根据本法第八十九条的规定申请专利权存续期间的延长登记的（以下称“续展登记申请人”），应当向专利厅厅长出具记载下列各类事项的延长登记申请书：

（一）续展登记申请人的姓名和住所地（申请人为法人的，为法人的名称和营业地）；

（二）续展登记申请人委托代理人办理的，载明代理人的姓名和住所或营业地（代理人为专业代理机构的，载明其名称、营业地以及被指定的专利代理师的姓名）；

（三）请求续展登记的专利序列号以及该专利权的请求范围；

（四）申请延长的期限；

（五）第八十九条规定的需要经过许可等程序的事项；

（六）知识经济部规定的续展理由（须附上证明该理由的材料）。

在专利权存续期间申请续展专利权有效期的，应当根据本法第八十九条的规定自经许可之日起三个月内提出。但是，根据本法第八十八条的规定在专利权有效期届满前的六个月内提出的无效。

专利权为多人共有的，应当根据本条第二款的规定由共有人共同申请。

在专利权存续期间申请续展有效期的，其存续期间视为延长。但是，根据本法第九十一条第一款规定该申请被驳回的除外。

在专利权存续期间申请续展有效期的，专利厅厅长应当公告本条第一款所列的事项。

申请延长的当事人应当自收到延长决定书（含被驳回的决定）的复印件之前，补正本条第一款第三项至第六项（第三项所列申请延长的专利的专利序列号除外）所列事项。

**第九十一条** （专利权续展请求的驳回）专利审查官认为续展请求符合下列各项之一的，应当驳回申请：

（一）实施该发明专利无需经本法第八十九条规定的许可等程序的；

（二）专利权人、独占实施权人、已登记的一般实施权人，未经本法第八十九条规定的许可等程序的；

（三）申请延长的期间超过无法实施该专利发明的期间的；

（四）申请延长的当事人为非专利权人的；

（五）续展请求违反本法第九十条第三款规定的。

因不可归咎于当事人的不可抗力事由而耗费的时间，不计入本条第一款第三项规定的“无法实施发明专利权的期间”。

**第九十二条** （续展专利权的决定）专利审查官未发现该续展请求违反本法第九十一条第一款第一项规定的，应当决定予以续展，并进行续展登记。

专利审查官根据本条第一款的规定作出续展决定的，应当将其记载于登记簿册。

根据本条第二款的规定进行登记的，应当将下列事项记载于专利公报中：

（一）专利权人的姓名和住所（专利权人为法人的记载法人的名称和营业地）；

（二）专利序列号；

（三）进行续展登记的日期；

（四）准予延长的期间；

（五）根据本法第八十九条规定的许可等事项。

**第九十三条** （准用规定）审查续展申请时，准用本法第五十七条第一款、第六十三条、第六十七条、第一百四十八条第一款、第五款、第六款的规定。

**第九十四条** （专利权的效力）实施该专利发明的权利由专利权人独占，但是根据本法第一百条第二款的规定，专利权人转让其独占实施权的除外。

**第九十五条** （延长存续期间的专利权效力）延长存续期间的专利权效力，仅限于作为延长登记事由的许可等程序的标的物（经许可等程序而确定某实物的特定用途的，仅限用在该特定用途的实物）的专利发明的实施，不及于其他行为。

**第九十六条** （专利权效力不及的范围）专利权的效力不及于下列情形：

（一）因科学研究或实验的需要实施该专利发明的（包括《药剂师法》规定的医药品的临床许可与药品登记以及《农药管理法》规定的农药登记）；

（二）用于过境的船舶、航空器、车辆及其机械、工具、装置以及其他设备的专利发明；

（三）在申请专利时已存在于国内的物品。

混合两种以上治疗方法或两种以上的药品（指用于人类疾病的诊断、减轻、治疗、处置或者预防的物品，以下亦同）而创造的专利发明的效力不及于《药剂师法》规定的药品调制行为及其产生的医药品。

**第九十七条** （发明专利的保护范围）发明专利的保护范围依专利申请书中记载的内容而定。

**第九十八条** （与其他人的发明专利等的关系）某项发明专利在提交专利申请前利用了已经提交专利申请的其他人的专利发明、实用新型以及已登记的外观设计或者类似设计的，或者该发明专利权与先于该专利权提交申请的其他人的设计权、商标权相抵触的，未经其他专利权人、实用新型登记人、设计人的许可，专利权人、独占实施权人和一般实施权人不得将该专利发明用于经营性活动。

**第九十九条** （专利权的转让和共有）专利权可以转让。

两个以上人共有专利权的，未经其他共有人的同意不得转让其份额，也不得在专利权份额上设立发生专利权移转效力的质权。

两个以上的人共有专利权的，除合同特别约定的以外共有人有权单独实施该专利。

两个以上的人共有专利权的，未经其他共有人的同意不得以独占实施或者以普通许可方式许可他人实施该专利。

**第一百条** （独占实施权）专利权人有权以独占实施的许可方式许可他人实施该专利。

根据第一款的规定设定的独占实施权人，有权在其受许可的范围内独占实施该专利。

独占实施权人不得转让其独占实施权，但是一并转让其实施专利的经营性业务或该独占权被继承的除外。

未经专利权人的同意，独占实施权人不得为发生转让效力的出质或设定一般实施权人。

关于独占实施权，准用本法第九十九条第二款至第四款的规定。

**第一百零一条** （专利权和独占实施权的效力）下列行为未经登记的，不发生法律效力：

（一）专利权的移转（依继承以及其他一般转让的除外）、放弃、消灭及其限制；

（二）专利的独占实施以及一般实施的许可、保持、移转、变更、消灭；

（三）独占实施的移转（依继承以及其他一般转让的除外）、变更、消灭（混同的除外）及其限制；

（四）专利权或独占实施权的出质、移转（依继承以及其他一般转让的除外）、变更、消灭（混同的除外）及其限制。

根据本条第一款的规定发生专利权或独占实施权及其质权的继承以及一般继受的，当事人应当及时向专利厅厅长汇报。

**第一百零二条** （一般实施权）专利权人有权以一般许可的方式许可他人实施该专利（以下称“一般实施权”）。

一般实施权人有权在本法或者许可合同规定的范围内，在经营性活动中实施该发明专利。

根据本法第一百零七条的规定，一般实施权人不得转让其实施权，但是，一并转让其实施专利的经营性业务的除外。

**第一百零三条** （先使用而产生的一般实施权）在他人申请发明专利权时，已经独立作出与该申请专利的发明相同发明的人、或者从该独立发明人处得知该发明并予以实施的或准备实施的人，在他人取得该发明的专利权后在其正在实施或者准备实施的范围内享有该专利发明的一般实施权。

**第一百零四条** （在无效判决被登记前实施专利而产生的一般实施权）符合下列情形之一的当事人，在专利或实用新型登记无效的判决被登记前，不知道自己的发明专利或者实用新型设计符合宣告无效的要件而在国内实施或者准备实施该专利或者实用新型的，可以在其正在实施或者准备实施的范围内享有专利的一般实施权，或者专利或实用新型登记被宣告无效时，享有仍然有效的专利权或实用新型的独占实施权：

（一）对同一发明授予两个以上专利权，其中一项专利权被宣告无效的，为原专利权人；

（二）因发明专利与实用新型设计相冲突而宣告实用新型设计无效的，为原实用新型专利的权利人；

（三）宣告某人的专利权归于无效，并将该发明专利权授予正当权利人的，为原专利权人；

（四）因实用新型设计与发明专利相冲突，而宣告实用新型设计无效并授予正当权利人发明专利权的，为原实用新型的设计人；

（五）根据本款第一项至第四项的规定，对于已归于无效的专利权或者实用新型专利，在无效判决请求登记之时已取得独占实施权、一般实施权或者从独占实施权人处取得一般实施权，并已进行登记的人，但是符合本法第一百一十八条第二款规定的当事人不要求进行登记。

根据本条第一款的规定取得一般实施权的权利人，应当向专利权人或独占实施权人支付相应的费用。

**第一百零五条** （外观设计权的有效期届满后的一般实施权）已登记的外观设计权的申请日不迟于某专利权的申请日且与该专利权相冲突的，该外观设计权的存续期间届满时，原设计权人在其设计范围内享有该专利权的一般实施权，或者从已存在的独占实施权取得一般实施权。

已登记的外观设计权，因其申请日为专利申请日之前或者专利申请日的同一天而与其专利权相抵触的，在外观设计权的存续期间届满时，存在于届满之时的、对该外观设计权的独占实施权，或者准用关于该外观设计权及独占实施权的《外观设计保护法》第六十一条的规定具有第一百一十八条第一款之效力的一般实施权的权利人，在原权利范围内，对该专利权或者外观设计权存续期间届满之时存在的独占实施权享有一般实施权。

根据本条第二款的规定取得一般实施权的，应当向专利权人或独占实施权人支付相应的费用。

**第一百零六条** （专利权的征用）政府在战时或动乱等非常时期，根据国防的需要，可以征用发明专利权。

被政府征用的发明专利权除专利权本权之外，所有附带权利消灭。

根据本条第一款的规定征用专利权的，应向专利权人、独占实施权人以及一般实施权人支付适当的补偿金。

关于专利权的征用以及补偿金的支付由总统令作出规定。

**第一百零六条之二** （专利实施的强制许可）在国家出现紧急状况或者非常情况时，为了公共利益的目的，认为确有必要以非营利方式实施该发明专利的，政府或者其他非专利权人可以实施该专利。

政府或其他非专利权人根据本条第一款的规定实施该专利发明且知道该发明为专利发明的，应当及时告知专利权人、独占实施权人以及一般实施权人。

政府或其他非专利权人根据本条第一款的规定实施该专利发明且知道该发明为专利发明的，应向专利权人、独占实施权人以及一般实施权人支付适当的费用。

关于强制许可及其费用的支付由总统令作出规定。

**第一百零七条** （一般实施许可的裁定）欲实施专利发明的当事人，在该专利发明符合下列各项之一且与专利权人、独占实施权人以及一般实施权人就专利的实施许可进行协商（在本条称“协议”）而未能达成或者无法达成协议的，可以请求专利厅厅长作出关于设定一般实施权的裁定（以下称“裁定”），但是因公共利益而实施于非营利业务或者符合本条第四款规定之情形的，不经协商也可申请仲裁：

（一）专利权人自被授予专利权之日起满三年，无正当理由未实施该专利发明的（因自然灾害等不可归咎于当事人的不可抗力事由未能实施的除外）；

（二）专利权人自被授予发明专利权之日起满三年，未实施或者未充分实施该专利而无法满足国内需求的；

（三）专利发明的实施对公共利益意义重大的；

（四）为纠正经司法或行政部门确定为非公平交易行为而有必要实施该专利的；

（五）因进口国为了公共健康需要进口医药品（包括生产该药品必需的有效成分和诊断设备），而有必要实施专利发明的。

发明专利权从专利申请之日起未满四年的，不适用本条第一款第一项、第二项的规定。

专利厅厅长作出一般实施许可的裁定，应当充分考虑一般实施许可该专利的必要性。

专利厅厅长根据本条第一款第一项至第三项以及第五项的规定作出一般实施许可裁定的，对于取得许可的当事人应当附加下列条件：

（一）根据本条第一款第一项至第三项的规定作出一般实施许可裁定的，一般实施许可应当率先满足国内需求；

（二）根据本条第五项的规定作出一般实施许可裁定的，应当将其生产的全部产品出口至该进口国。

专利厅厅长作出一般实施许可裁定，应当保证实施费用的足额支付，根据本条第一款第四项或者第五项的规定作出裁定的，可以参照下列规定：

（一）根据本条第一款第四项的规定作出一般实施许可裁定的，以纠正不公平交易为宗旨；

（二）根据本条第一款第五项的规定作出一般实施许可裁定的，以创造经济价值为目的。

发明创造为半导体技术时，其裁定申请仅限于第一款第三项（以公共利益为目的的非营利性生产为限）以及第四项规定的情形。

该进口国仅包括向世界贸易组织申报下列事项的世界贸易组织成员国，以及由总统令规定的向韩国政府通告下列事项的非世界贸易组织成员国：

（一）记载进口国所需医药品的名称以及数量；

（二）非联合国大会决议规定的最贫困国家的场合，没有能力生产该医药品或者能力不足的确认；

（三）进口国已授予该医药品专利权的，已进行强制许可或有强制许可意图的确认。

本条第一款规定的医药品，是指符合下列要件之一的医药品：

（一）取得专利权的医药品；

（二）由已获专利的制造方法生产的医药品；

（三）生产医药品所必需的、已获专利的有效成分；

（四）生产医药品所必需的、已获专利的诊断方法。

关于申请裁定所必须提交的文件以及其他事项由总统令作出规定。

**第一百零八条** （答辩状的提交）收到裁定请求的专利厅厅长，应将请求书的复印件送达专利权人、独占实施权人以及一般实施权人，并要求在指定期间内提交答辩状。

**第一百零九条** （听取工业产权纠纷调解委员会及其机构的意见）专利厅厅长认为确有必要的，可以根据《发明振兴法》第四十一条的规定，听取工业产权纠纷调解委员会及其机构的意见，并邀请相关行政机关或关系人予以协助。

**第一百一十条** （裁定的方式）裁定书以书面的方式作出，并说明理由。

本条第一款规定的裁定书必须载明下列事项：

（一）一般实施权的范围和期限；

（二）实施费用和支付方法；

（三）根据本法第一百零七条第一款第五项的规定作出裁定的，应当要求申请人出具在外观上明显区别于专利权人、独占实施权人以及一般实施权人（不含依裁定的一般实施权人）生产的原专利医药品的包装、标志，以及公示依裁定确定之事项的因特网网址；

（四）依裁定取得一般实施权的当事人实施该专利发明需要遵守的法律法规以及条约事项。

专利厅厅长应当自接到裁定申请书之日起六个月内作出裁定，有正当理由的除外。

根据本法第一百零七条第一款第五项的规定提出的裁定申请符合同条第七款和第八款的规定并提交了所有符合同条第九款规定的申请文件的，除有正当理由的以外应当裁定许可实施该发明专利。

**第一百一十一条** （裁定书复印件的送达）专利厅厅长作出裁定后，应当向登记注册的专利权人及裁定申请人送达裁定书复印件。

根据本条第一款的规定双方当事人收到裁定书的，视为双方达成一般实施许可协议。

**第一百一十一条之二** （裁定书的变更）双方当事人收到裁定后认为需要变更裁定书内容的，可以书面请求专利厅厅长予以变更，并说明理由。

专利厅厅长认为变更理由成立的，可以在听取利害关系人的意见后变更裁定书的内容。

本条第二款的规定适用本法第一百一十一条规定的情形。

**第一百一十二条** （实施费用的提存）根据本法第一百一十条第二款第二项的规定，义务人应当在下列情形出现时向有关机构提存其专利实施费：

（一）权利人拒绝或无法支付权利人的；

（二）就实施费用问题根据本法第九十条第一款的规定提起诉讼的；

（三）设定以该专利权以及独占实施权为标的的质权的，但获得质权人同意的除外。

**第一百一十三条** （裁定的失效）依一般实施许可裁定取得实施权的当事人，没有根据本法第一百一十条第二款第二项的规定支付或提存实施费（分期付款时以最后期间为准）的，该裁定即失效。

**第一百一十四条** （实施裁定的撤销）依一般实施许可裁定取得实施权的当事人，其行为符合下列情形之一的，专利厅厅长可以经利害关系人的申请或依职权撤销其一般实施许可裁定：

（一）未根据裁定书规定的宗旨实施该专利的；

（二）一般实施许可裁定的理由消失且认为不可恢复的；

（三）无正当理由违反裁定书明确规定的本法第一百一十条第二款第三项或第四项规定之事项的。

本法第一百零八条、第一百零九条、第一百一十条第一款以及第一百一十一条第一款的规定准用于本条第一款规定的情形。

根据本条第一款的规定撤销一般实施许可裁定时，其一般实施权归于消灭。

**第一百一十五条** （关于不服裁定理由的限定）对该一般实施许可裁定，根据《行政审判法》提起行政诉讼或者根据《行政诉讼法》提起撤销诉讼的，不得以一般实施许可裁定规定的费用事项为诉讼理由。

**第一百一十六条** （专利权的撤销）该专利发明在专利厅厅长根据本法第一百零七条第一款第一项的规定作出裁定之日起连续两年没有在国内得到实施的，专利厅厅长可以经利害关系人的申请或依职权撤销该专利权。

本法第一百零八条、第一百零九条、第一百一十条第一款以及第一百一十一条第一款的规定准用于本条第一款规定的情形。

根据本条第一款的规定撤销专利权的，专利权自被撤销之日起归于消灭。

**第一百一十七条** 删除〈于 2001.2.3〉

**第一百一十八条** （一般实施权登记的效力）已注册登记的一般实施权，可以对抗在其一般实施权注册登记前取得的专利权或者独占实施权。

本法第八十一条之三的第五款、第一百零三条至第一百零五条、第一百二十二条、第一百八十二条、第一百八十三条以及《专利振兴法》第十条第一款规定的一般实施权，可以不经登记即具有本条第一款规定的效力。

一般实施权的移转、变更、消灭及处分的限制，以一般实施权为标的的质权的设立、移转、变更、消灭及处分的限制，未经登记的不得对抗第三人。

**第一百一十九条** （放弃专利权的限制）专利权人在未经独占实施权人、质权人或者依本法第一百条第四款、第一百零二条第一款以及《发明振兴法》第十条第一款的规定取得一般实施权的当事人的同意，不得放弃其专利权。

独占实施权人未经质权人或依据本法第一百条第四款规定的一般实施权人的同意，不得放弃其独占实施权。

一般实施权人未经质权人的同意不得放弃其一般实施权。

**第一百二十条** （放弃的效力）专利权、独占实施权以及一般实施权，自权利人放弃该权利时归于消灭。

**第一百二十二条** （因行使质权引起专利权转移时的一般实施权）专利权人在设立以专利权为标的的质权之前实施该专利发明的，即使该专利权因拍卖等原因发生移转，就该发明专利仍然享有一般实施权。此时，专利权人应当向依拍卖等而受让专利权的人支付相应的费用。

**第一百二十三条** （质权的及物代为）质权的效力及于因实施发明专利而产生的费用、收益以及其他物，但是未留置或者交付的除外。

**第一百二十四条** （无继承人时专利权的消灭）专利权的继承开始后无继承人继承的，该专利权即归于消灭。

**第一百二十五条** （实施专利的报告）专利厅厅长有权要求专利权人、独占实施权人以及一般实施权人就发明专利权的实施与否或实施的规模，向其作出报告。

**第一百二十五条之二** （实施费用以及补偿金的执行）专利厅厅长根据本法的规定就实施费用以及其他补偿金作出的最后决定书，与法院作出的已生效的执行令状具有同等的执行效力。该最后决定书的正本由专利厅的公务员签发。

## 第六章　对专利权人的保护

**第一百二十六条** （禁止侵犯专利请求权）发明专利权人或者独占实施权人，对已经侵犯或者有可能侵犯其相关专利权的行为，可以请求专利厅以及专利法庭禁止该侵权行为或采取相应的预防措施。

发明专利权人或独占实施权人根据本条第一款的规定请求保护的，可以请求禁止使用于侵犯权利的物品（包含因侵犯方法发明专利而生产的产品）和设备，以及请求采取预防侵权行为所必要的其他措施。

**第一百二十七条** （侵权行为）以下列行为为业的，被视为是侵犯发明专利权或者独占实施权的行为：

（一）专利权为产品发明时，利用发明生产、转让、租赁、进口或请求转让、租赁的行为；

（二）专利权为方法发明时，生产、转让、租赁、进口或者请求转让、租赁专门用于实施方法发明的产品。

**第一百二十八条** （损失数额的计算等）专利权人或独占实施权人请求因故意或过失侵犯其专利权或独占实施权的侵权人赔偿因该侵权行为造成的损失的，如果侵权人非法转让了侵犯专利权的产品时以转让的产品数量乘以当没有侵犯权利时专利权人或独占实施权人可以获得的单位产品利润而计算的数额为专利权人或独占实施权人造成的损失。损失的数额以专利权人或独占实施权人可以生产的产品数量扣除实际销售的数量后再乘以单位利润额为限。但是，如果专利权人或独占实施权人因侵权行为以外的其他原因不能销售产品的，应当扣除其相应的金额。

专利权人或独占实施权人请求因故意或过失侵犯其专利权或独占实施权的侵权人赔偿损失的，如果侵权人因侵权行为而获得利益，推定其所获得的利益为专利权人或独占实施权人所受的损失。

专利权人或独占实施权人请求因故意或过失侵犯其专利权或独占实施权的侵权人赔偿损失的，可以以实施发明专利一般能获得的利益为专利权人或独占实施权人所受的损失。

专利权人或独占实施权人的损失超过同行业一般水平的，可以不局限于第三款的规定而请求损害赔偿。如果侵犯专利权或独占实施权的行为人不存在故意或重大过失的，法院在确定损失额时可以参照本规定。

法院在关于侵犯专利权或独占实施权的诉讼中判定有损失但无法确定其损失额的，可以不局限于第一款和第四款的规定以辩论和证据调查的结果为基础确定损失额。

**第一百二十九条** （生产方法的推定）生产的产品与根据方法发明专利生产出的产品一致的，可以推定该产品为根据该方法发明专利生产的产品，但是，符合下列情形之一的除外：

（一）申请专利之前已在国内公开或者在国内公开生产的

产品；

（二）申请专利之前已发表于国内或者国外期刊，以及通过总统授权的通信系统被大众所了解的。

**第一百三十条** （过失的推定）侵犯他人的专利权或独占实施权的行为人，推定其有过失。

**第一百三十一条** （恢复专利权人等的信誉）专利权人或独占实施权人因侵权行为而信誉受损的，法院可以根据专利权人或独占实施权人的请求要求侵权人赔偿损失或者赔偿损失的同时要求采取恢复信誉的相应措施。

**第一百三十二条** （资料的提供）法院在审理侵犯专利权或独占实施权的诉讼时，可以根据一方当事人的请求要求另一方当事人提供有关计算损失的必要资料。但是，当资料的所有人有正当理由拒绝提供的除外。

## 第七章　审　　判

**第一百三十二条之二** （专利审判庭）为了有效地进行发明专利、实用新型、外观设计和商标的审判、复审和与此相关的调查、研究，在专利厅厅长所属下专设专利法庭。

专利审判庭下设审判长和审判法官。

专利审判庭的组织和人员以及机构的运营依据总统令的规定。

**第一百三十二条之三** （对于驳回专利申请决定等的审判）当事人因不服驳回专利申请的决定或者根据本法第九十一条的规定而驳回专利权存续期间的延长登记，可以自收到决定文件之日起三十日内提起诉讼。

**第一百三十二条之四** 删除〈于 2001.2.3〉

**第一百三十三条** （专利权的无效判决）有下列情形之一的，利害关系人可以请求法院判决宣告该专利权无效，如果请求事项为两个以上的，可以分别提出请求；但是，在专利权注册登记之后公告登记之日起三个月内任何人都可以在有下列情形之一（第二项除外）为由请求判决宣告该专利权无效：

（一）违反本法第二十五条、第二十九条、第三十二条、第三十六条第一款和第三款、第四十二条第三款和第四款规定的情形的；

（二）不具备本法第三十三条第一款规定的取得专利权所需的权利或者违反第四十四条规定的；

（三）根据本法第三十三条第一款但书的规定而不能取得专利权的；

（四）已取得专利权的专利权人根据本法第二十五条的规定不能享有专利权或者专利权违反法律规定的事项发生的；

（五）因违反法律规定而不能取得专利权的；

（六）超过本法第四十七条第二款规定的补正范围的；

（七）超过本法第五十二条第一款规定的分别申请专利的范围的；

（八）超过本法第五十三条第一款规定的申请变更范围的。

本条第一款规定的审判请求，在专利权消灭之后仍可以进行。

判决认定专利权无效的，该专利权自始归于无效。但是，根据第一款第四项的规定而判决专利权无效时，专利权自符合该规定之日起即视为无效。

当有本条第一款的审判请求时，审判长应将其通知享有专利独占实施权人的其他相关注册专利权权利的人。

**第一百三十三条之二** （专利权无效审判程序中对专利的更改）根据第一百三十三条第一款的规定而提起诉讼的被请求人在第一百四十七条第一款或第一百五十九条第一款后段规定的期间内，限于符合本法第一百三十六条第一款规定的情形之一，可以请求对发明专利说明书或者图表进行更改。第一百四十七条第一款规定的期间经过之后，审判长认为，因请求人提供证据资料而有必要受理更改请求时，可以指定期限允许其进行更改。

有第一款规定的更改请求时，相关无效审判程序中在该更改请求之前进行的更改请求事项即被视为取消。

有第一款规定的更改请求时，审判长应将请求书副本传送给本法第一百三十三条第一款规定的审判请求人。

根据本条第一款的规定提出更改请求的，准用本法第一百三十六条第二款、第五款、第七款和第十一款；第一百三十九条第三款；第一百四十条第一款、第二款和第五款的规定。此时，本法第一百三十六条第九款规定的“在存在第一百六十二条第三款规定的审理终结的通知之前（根据同条第四款的规定重新审理的，在其后存在同条第三款规定的审理终结的通知之前）”将视为“存在第一百三十六条第五款规定的通知之时为指定的期间内”。

在适用本条第四款的规定时，当事人根据本法第一百三十三条第一款的规定因请求人申请专利权无效而更改专利申请书中的请求项内容的，不适用本法第一百三十六条第四款的规定。

**第一百三十四条** （对专利权存续期间延长登记的无效判决）专利权存续期间延长登记符合下列情形之一的，利害关系人或者审查人员可以请求法院宣告该延长登记无效：

（一）为了实施发明专利，就根据本法第八十九条的规定不须获得许可等的事项提出申请延长登记的；

（二）专利权人或者独占实施权人或者已注册登记的一般实施权的人未经本法第八十九条规定的许可程序而取得该延长登记的；

（三）期间延长登记的时间超过了该发明专利所能实施的时间的；

（四）依非专利权人的申请而进行了期间延长登记的；

（五）对违反第九十条第三款规定的申请而进行了期间延长登记的。

关于第一款规定的审判请求准用本法第一百三十三条第二款和第四款的规定。

期间延长登记被认定为无效的，视为自始归于无效，但是根据第一款第三项的规定归于无效的，只就期间延长登记中超过无法实施的期间部分认定为无效。

**第一百三十五条** （确认权利范围的审判）专利权人、独占实施权人或者利害关系人为了确认发明专利权的权利保护范围，可以请求进行确认其专利权权利范围的审判。

根据本条第一款的规定请求审判专利权的权利范围的，如果专利请求范围为两个以上，可以逐项进行申请。

**第一百三十六条** （对更改的审判）符合下列情形之一的，专利权人可以请求对发明专利说明书或者图表的更改进行审理，但是，专利无效的审批属于专利审判庭的除外。

（一）缩减专利请求范围的；

（二）修改错误记载的事项的；

（三）明确之前记载不确定的事项的。

请求对第一款规定的专利说明书或者图表进行更改的，只能在专利说明书或者图表上记载的事项范围内进行。但是，请求对第一款第二项规定的事项进行更改的，以申请专利时最初附加的专利说明书或者图表上记载的事项范围为准。

对本条第一款规定的专利说明书或者图表进行更改，不能对专利请求范围进行实质性的扩张或变更。

根据本条第一款的规定进行的更改中，符合第一款第一项和第二项规定的事项进行更改，更改之后专利请求范围上记载的事项应当是在申请专利之时能够获得专利的事项。

审判法官认为，本条第一款规定的审判请求不符合第一款规定的各项之一，或者超过第二款规定的范围，或者违反第三款、第四款的规定时，应当通知请求人其理由，并指定时间给予请求人提出意见书的机会。

第一款规定的对更改的审理请求，在专利权消灭后也可以提出。但是，专利权经审判归于无效的除外。

如果专利权人没有得到独占实施权人或者质权人或者第一百条第四款、第一百零二条第一款和《发明振兴法》第十条第一款规定的一般实施权人的同意时，不能请求对第一款规定的事项的进行更改。

对发明专利说明书或者图表进行更改的审判确定后，视之前的专利申请、专利公开、专利授予决定或者审判，以及专利权的注册登记为依更改后的专利说明书或者图表作出。

请求人在根据本法第一百六十二条第三款规定的审理终结的通知之前（根据同条第四款的规定复审理时在同条第三款规定的审理终结前）可以补正本法第一百四十条第五款规定的审判请求书上附加的说明书（专利说明书）或图表。

有对发明专利说明书或者图表进行更改的审理时，专利审判庭的审判长应将其内容汇报给专利厅厅长。

专利厅厅长在收到第十款规定的通报后应将其登载于专利公报。

**第一百三十七条** （对更改的无效审判）利害关系人或审查官认为根据本法第一百三十三条之二第一款或第一百三十六条第一款的规定而对发明专利说明书或者图表的更改违反了下列规定之一的，可以请求对更改的进行无效审判：

（一）违反本法第一百三十六条第一款规定的各项之一的；

（二）违反本法第一百三十六条第二款或第四款规定的（包括根据第一百三十三条之二第四款的规定而适用的情形）。

根据本条第一款的规定提出审判请求的，准用第一百三十三条第二款和第四款的规定。

根据本条第一款无效审判中的被请求人，在符合本法第一百三十六条第一款规定的情形之一时，可以在本法第一百四十七条第一款或第一百五十九条第一款后半部分规定的指定时间内请求对发明专利说明书或者图表进行更改。

根据本条第三款的规定提出更改的请求，准用本法第一百三十三条之二的第三款和第四款的规定。此时，将本法第一百三十三条之二的第三款规定的“第一百三十三条第一款”视为“第一百三十七条第一款”。

根据第一款的规定判定更改无效的，视为自始无更改。

**第一百三十八条** （对一般实施权的许可审判）专利权人、独占实施权人或者一般实施权人对符合本法第九十八条规定的发明专利提出许可实施的申请时，如果对方无正当理由不予许可或者无法得到许可的，可以在实施发明专利的必要范围内请求进行一般实施权的许可审判。

根据第一款的规定提出请求时，如果其发明专利相较于在该发明专利申请日前的其他发明专利或者实用新型，没有带来更多经济价值的技术进步时，不能请求许可一般实施权。

根据第一款规定的判决而许可授予一般实施权的人，有必要实施得到该一般实施权的人的专利发明的，在没有得到一般实施权人的许可或者无法得到实施许可时，在其得到一般实施权人的许可而实施的专利发明的范围内，提出一般实施权许可的审判请求。

本条第一款和第三款规定的一般实施权人应当向专利权人、实用新型专利权人、外观设计权人或者独占实施权人支付相应的报酬。但是，有正当理由无法直接给付的，应当将其金额予以提存。

如果第四款规定的一般实施权人未支付报酬或者未提存的，不能实施发明专利、登记注册的实用新型、外观设计或者与之类似的外观设计。

**第一百三十九条** （对共同审判的请求等）就同一专利权根据本法第一百三十三条第一款、第一百三十四条第一款、第一百三十七条第一款的规定进行无效审判，或者根据第一百三十五条第一款的规定请求确认权利范围审判的当事人有二人以上的，当事人可以请求合并进行审判。

对专利权共有人请求审判时，应以全体共有人作为被告提起诉讼。

对共有人专利权的专利权人提起诉讼时，应当以共有人全体作为被告。

第一款或者第三款规定的请求人或者第二款规定的被请求人中，对其中一人产生的审判中断或中止的事由对全体人员产生效力。

**第一百四十条** （请求审判的方式）请求审判时应向专利审判庭审判长提交记载下列事项的审判请求书：

（一）当事人的姓名和住所（当事人为法人时记载法人的名称和营业地），有代理人的，记载代理人的姓名和住所地或者营业机构所在地（当代理人为许可法人时，记载名称、事务所所在地和指定的专利代理师姓名）；

（二）对案件事实的描述；

（三）请求的事项及其理由。

根据第一款的规定提出的审判请求书的补正不得变更原请求书的主要内容，但是，有下列情形之一的除外：

（一）为了补正根据本条第一款第一项规定记载的当事人中的专利权人（包含补充的情形）；

（二）为了补正根据本条第一款第三项规定的请求理由；

（三）当专利权人或者独占实施权人请求确认权利范围的审判时，如果被请求人主张请求人提出的审判请求书确认对象的发明（是指请求人主张的被请求人的发明）的说明书和图表与自己实际实施的发明不同时，请求人为了与被请求人实施的发明保持一致而补正审判请求书确认对象的专利发明的说明书和图表的情形。

请求本法第一百三十五条第一款规定的确认权利范围的审判时，应附加提供与专利发明对应的专利说明书和必要的图表。

提出对本法第一百三十八条第一款规定的许可一般实施权请求书时，记载第一款规定的各项外，还应记载下列事项：

（一）主张实施自己所有的专利序号和名称；

（二）实施他人的发明专利、注册的实用新型或注册的外观设计的序号、名称和注册的年月日；

（三）发明专利、注册的实用新型或注册的外观设计的一般实施权的范围、期间和报酬。

请求对本法第一百三十六条第一款规定的更改的审判时，应附加更改的专利说明书或者图表。

**第一百四十条之二** （对驳回专利申请决定不服的审判请求方式）根据本法第一百三十二条之三的规定请求对驳回专利申请的决定不服的审判时，不适用第一百四十条第一款的规定，而向专利审判庭审判长提交记载下列事项的审判请求书：

（一）请求人的姓名和住所地（当事人为法人时，记载名称和营业机构所在地），有代理人时，记载代理人的姓名和住所地或者营业机构所在地（当代理人为许可法人时，记载名称、事务所所在地和指定的代理师姓名）；

（二）申请日期和申请序号；

（三）发明的名称；

（四）作出驳回专利申请决定的日期；

（五）对案件事实的描述；

（六）请求事项及其理由。

根据第一款的规定提出的对审判请求书的补正，不得变更原请求书的主要内容，但是，有下列情形之一的除外：

（一）为了补正根据本条第一款第一项记载的当事人中的专利权人时（包含补充的情形）；

（二）为了补正根据本条第一款第六项规定的请求事项及其理由时。

**第一百四十一条** （不予受理的审判请求）有下列情形之一的，审判长应当要求在指定期间内补正相关资料：

（一）审判请求书违反了本法第一百四十条第一款、第三款或者第五款的规定，或者违反了第一百四十条之二第一款的规定；

（二）审判程序有下列情形的：

（1）违反了本条第三条第一款或者第六条的规定；

（2）没有缴纳根据本法第八十二条的规定应当缴纳的手续费；

（3）违反了本法或根据本法审判法官要求的事项。

根据本条第一款的规定收到补正命令的当事人如果在指定期间内没有补正的，审判长应当决定拒绝受理审判请求书。

根据本条第二款规定的决定应以书面形式提出并说明理由。

**第一百四十二条** （对无法补正的审判请求的驳回受理）当审判请求为不合法而不能补正时，审判长可以不予提供被请求人答辩的机会而驳回受理其请求。

**第一百四十三条** （审判法官）关于专利审判，由专利审判庭的审判法官进行审判。

审判法官的资格由总统令规定。

审判法官应当维持独立审判。

**第一百四十四条** （审判法官的指定）专利审判庭审判长应对每个审判案件指定本法第一百四十六条规定的组成合议庭的审判法官。

如果根据本条第一款规定的审判法官不能公正审判时，专利审判庭审判长可以指定其他审判法官履行其职责。

**第一百四十五条** （审判长）专利审判庭审判长在根据本法第一百四十四条第一款规定的审判法官中应当指定一名审判法官作为审判长。

审判长对审判的案件应当全权负责。

**第一百四十六条** （审判合议庭）关于专利的审判，由三人或者五人审判法官组成的合议庭进行审理。

本条第一款规定的合议庭的合议决定应当由全体审判法官的过半数通过。

审判的合议不公开进行。

**第一百四十七条** （提出答辩书等）当有审判的请求时，审判长应将请求书的副本送达给被请求人并指定期间给予其提出答辩书的机会。

当审判长受理了第一款规定的答辩书时应将其副本送达请求人。

审判长可以在审判过程中，对当事人进行审问。

**第一百四十八条** （审判法官的回避）有下列情形之一的，审判法官应当回避：

（一）审判法官或者其配偶或者曾经是其配偶者是本案的当事人或者参加人时；

（二）审判法官与案件当事人或参加人有亲属关系或曾经有亲属关系时；

（三）审判法官是案件当事人或参加人的法定代理人或者曾经是法定代理人时；

（四）审判法官是案件的证人或鉴定人时；

（五）审判法官是案件当事人或参加人的代理人或者曾经是代理人时；

（六）审判法官作为案件的审查官或者审判法官参与了专利审查或者审理时；

（七）审判法官对案件处理结果有直接利害关系时。

**第一百四十九条** （申请回避）当有本法第一百四十八条规定的回避事由时，当事人或者参加人可以提出回避申请。

**第一百五十条** （审判法官的回避）存在可能影响审判法官公正审判的事由的，当事人或者参加人可以提出回避申请。

当事人或者参加人以书面或者口头形式陈述案件后，不得提出回避申请，但是，如果当时不知道回避事由的存在或者之后发生回避事由的除外。

**第一百五十一条** （回避理由说明）根据本法第一百四十九条和第一百五十条的规定申请回避时，应将其理由以书面形式向专利审判庭审判长提出，但是，以口头进行审理时可以以口头形式提出。

应在申请之日起三日内说明回避的理由。

**第一百五十二条** （对回避申请的决定）当有回避申请时，经审判确定是否实行回避。

受到回避申请的审判法官不能参与回避的审判，但是可以陈述意见。

根据第一款的规定作出的决定，应以书面形式提出并说明理由。

根据第一款的规定作出的决定属于终审，不能提出上诉。

**第一百五十三条** （审判程序的中止）当存在回避申请时，在决定是否进行回避之前中止审判程序，但是，有正当理由必须进行审判的除外。

**第一百五十三条之二** （审判法官的回避）当有本法第一百四十八条或者第一百五十条规定的情形时，审判法官在获得专利审判庭审判长的许可后进行回避。

**第一百五十四条** （审理等）审判以口头或者书面的方式进行，但是，当事人申请口头审理的，除了必须以书面方式审判的以外，应当以口头方式审判。

口头审判应当公开，但是，破坏公共秩序或者违反善良风俗的除外。

审判法官根据本条第一款的规定以口头方式进行审判时，应当指定时间和场所，并将记载相关事项的文件送达给当事人和参加人。

审判法官根据本条第一款的规定以口头方式审理时，专利审判庭审判长应当要求指定的职员按照规定的日期制作记载审判要旨和其他必要事项的报告书。

根据本条第五款的规定制作的报告书应当由审判长和制作的职员签名盖章。

本条第五款规定的报告书适用《民事诉讼法》第一百五十三条、第一百五十四条、第一百五十六条和第一百六十条的规定。

案件的审理适用《民事诉讼法》第一百四十三条、第二百五十九条、第二百九十九和第三百六十七条的规定。

**第一百五十五条** （参加）根据本法第一百三十九条第一款的规定可以提出审判请求的人，可以参加审判过程。

本法第一款规定的参加人，在被参加人撤回审判请求之后，也可以继续参加审判程序。

与审判结果有利害关系的参加人，为了辅助当事人也可以参加审判程序。

本条第三款规定的参加人享有审判程序中的全部权利。

本条第一款或者第三款规定的参加人发生审判程序中断或者

中止的事由时，对被参加人也产生诉讼中断或者中止的效力。

**第一百五十六条** （提出参加的申请和决定）欲参加审判的人，应当向审判长提出参加审判申请书。

当有参加审判的申请时，审判长应当将参加申请书的副本送达当事人和其他参加人，并指定时间给予提出意见书的机会。

当有参加审判的申请时，应通过审判确定是否承认参加。

根据本条第三款作出的决定，应当采取书面形式，并说明理由。

根据本条第三款作出的决定，是终局性的审判，不得提出上诉。

**第一百五十七条** （证据调查和证据保全）审判法官可以在审判中根据当事人、参加人或者利害关系人的申请或者依职权进行证据调查或者证据保全。

根据本条第一款规定的证据调查和证据保全，适用《民事诉讼法》中关于证据调查和证据保全的规定，但是，不能决定罚金、拘禁或者要求供托保证金。

如果是在诉前申请证据保全，应当向专利审判庭庭长提出；如果是在庭审过程中申请证据保全，应当向负责该案件的审判长提出。

根据本条第一款的规定在提出审判请求之前提出了证据保全申请，专利审判庭审判长应当指定负责证据保全申请的审判法官。

审判长根据本条第一款的规定依职权进行证据调查或者证据保全时，应当将其结果送达当事人、参加人或者利害关系人，并指定时间给予提出意见书的机会。

**第一百五十八条** （审判的进行）当事人或者参加人没有在法定期间或者指定期间内履行义务，或者没有在根据本法第一百五十四条第四款规定的日期出席时，审判长可以决定继续审判。

**第一百五十九条** （依职权的审理）对于在审判过程中当事人或者参加人没有申请的事项，合议庭也可以进行审理，此时应当指定期间给予当事人或者参加人陈述其理由的机会。

对于与请求人的请求宗旨相违背的事项，不能依职权进行审理。

**第一百六十条** （审理、最终判决的合并或者分离）当事人双方或者一方有两个以上相同的审判事项时，审判法官可以合并或者分离进行审理或者作出判决。

**第一百六十一条** （审判请求的撤销）在最终判决确定之前可以撤销审判请求，但是，已提出答辩书的，应当获得对方当事人的同意。

在本法第一百三十三条第一款规定的无效审判或者第一百三十五条规定的权利范围确认审判中，请求项为两个以上的，可以逐项进行撤销。

根据本条第一款或者第二款的规定撤销审判请求的，审判请求或者其请求项将被视为自始没有提出申请。

**第一百六十二条** （最终判决）审判除了特别规定的以外以最终的判决终结。

根据本条第一款规定的最终判决，应当以记载下列事项的书面形式作出，并由作出最后判决的审判法官签名盖章：

（一）审判序号；

（二）当事人和参加人的姓名、住所（法人的，记载其名称和营业机构所在地），有代理人的，记载代理人的姓名、住所或者营业机构所在地（代理人为许可法人的，记载其名称、事务所所在地和指定的代理师姓名）；

（三）对案件事实的描述；

（四）最终判决的主要内容（包含在本法第一百三十八条规定的审判中的一般实施权的范围、期间和报酬）；

（五）最终判决理由（包括请求和理由的要旨）；

（六）作出最终判决的年月日。

当案件具备作出最终判决的条件时，审判长应当将审理终结事项通知当事人和参加人。

在根据本条第三款的规定告知审理终结事项之后，如果审判长认为确有必要的，可以根据当事人或者参加人的申请或者依职权进行复审理。

最终判决应当在本条第三款规定的审理终结通知后 20 日之内作出。

在作出最终判决或者裁定后，审判长应当将相关复印件送达给当事人、参加人以及曾提出参加申请但被驳回的申请人。

**第一百六十三条** （上诉的提出）对于根据本法的规定作出最终判决的，任何人都可以对同一事实和同一证据提出上诉，但是，已作出的最终判决为驳回的除外。

**第一百六十四条** （与其他诉讼的关系）将其他案件的审判作为正在审理的案件必要的前提时，可以在其他案件作出的最终判决生效或者诉讼程序终结前中止正在审理的案件的诉讼程序。

将专利的最终判决作为正在审理的案件的必要前提时，可以在最终判决确定前中止正在审理案件的诉讼程序。

当有侵犯专利权或者独占实施权的诉讼时，法院应将其要旨通报专利审判庭审判长；诉讼程序终结时，也应当通报专利审判庭庭长。

当有与本条第三款规定的侵犯专利权或者独占实施权的诉讼相对应的请求专利权无效的审判时，专利审判庭审判长应当将其要旨通报本条第三款规定的法院。作出对审判请求书的驳回决定、最终判决或者撤销请求时，也应当通报本条第三款规定的法院。

**第一百六十五条** （诉讼费）根据本法第一百三十三条第一

款、第一百三十四条第一款、第一百三十五条以及第一百三十七条第一款的规定产生的诉讼费的负担，依生效判决结案的，由该判决列明，未经判决方式结案的由法院决定。

根据《民事诉讼法》第九十八条至第一百零三条、第一百零七条第一款和第二款、第一百零八条、第一百一十一条、第一百一十二条以及同法第一百一十六条的规定产生的诉讼费，适用本条第一款的规定。

根据本法第一百三十二条之三、第一百三十六条以及第一百三十八条的规定产生的诉讼费，由请求人负担。

根据本条第三款的规定负担诉讼费的，适用《民事诉讼法》第一百零二条的规定。

诉讼费的数额由专利审判庭的审判长在审判终结或法院的决定生效后，参照当事人的请求作出决定。

诉讼费的范围、数额、缴纳、缴纳方式以及审判程序所需必要的其他费用，根据《民事诉讼费用法》的具体规定执行，但是该费用与民事诉讼的性质相背离的除外。

当事人已经向专利代理师支付的代理费或者应当向其支付的代理费（包括向一人以上的专利代理师支付的费用），在专利厅厅长所确定的范围内视为诉讼费用的一部分。

**第一百六十六条** （诉讼费及执行文书）专利审判庭的审判长依本法的规定就诉讼费以及其他费用的数额作出的决定或者法官作出的关于支付实施费用的决定，具有与法院的其他已生效的执行文书具有同等的执行力。该效力文书的正本由专利厅公务员签发。

**第一百六十八条** 删除〈于 1995.1.5〉

**第一百六十九条** 删除〈于 1995.1.5〉

**第一百七十条** （判决驳回专利权请求适用的审查规则）经判决驳回专利权请求的，适用本法第四十七条第一款第一项和第二项、第五十一条（不含但书）、第六十三条以及第六十六条。此时，第五十一条第一款所指的“第四十七条第一款第二项和第三项”视为“第四十七条第一款第二项”，“补正”视为“补正（本法第一百三十二条之三规定的驳回授予专利权的决定，在请求审判该决定之前提出的补正除外）”。

准用于本条第一款规定的本法第六十三条的规定，仅仅适用于发现驳回专利申请决定的理由以及其他理由的情形。

**第一百七十一条** （审理“驳回专利申请”案件适用的特别规则）法院审理驳回专利申请的决定以及驳回专利权续展申请（限于专利权存续期间的申请）的决定的，不适用本法第一百四十七条第一款和第二款、第一百五十五条以及第一百五十六条的规定。

**第一百七十二条** （审查的效力）在法院审理驳回专利申请的决定以及驳回专利权续展申请（限于专利权存续期间的申请）的决定时，审查专利申请经过的程序仍然有效。

**第一百七十三条** 删除〈于 2009.1.30〉

**第一百七十四条** 删除〈于 2009.1.30〉

**第一百七十五条** 删除〈于 2009.1.30〉

**第一百七十六条** （驳回专利申请决定的撤销）当事人根据本法第一百三十二条第三款的规定提出的诉讼请求，法官认为其理由成立的，应当作出最终判决、撤销驳回专利申请的决定或者驳回专利权续展申请（限于专利权存续期间的申请）的决定。

法院撤销驳回专利申请的决定，或者驳回专利权续展申请（限于专利权存续期间的申请）的决定的，可以作出将进行附带审查的最后判决。

根据本条第一款和第二款的规定作出最终判决的，就其撤销的理由将问责于该专利审判官。

**第一百七十七条** 删除〈于 1995.1.5〉

## 第八章　复　　审

**第一百七十八条**　（复审请求）就一审已经审结的案件，当事人有权请求复审。

提出复审请求，适用《民事诉讼法》第四百五十一条以及同法第四百五十三条的规定。

**第一百七十九条**　（对调解审结案件的不服请求）当事人双方恶意调解结案损害第三人的权利或者利益的，第三人有权请求复审。

根据本条第一款的规定提出复审的，复审程序中列该案第一审的双方当事人为共同被请求人。

**第一百八十条**　（提出复审请求的期间）当事人应当在知道一审结案后三十日内提出复审。

复审请求人以专利代理权瑕疵为理由请求复审的，本条第一款规定的期间自请求人及其法定代理人收到结案文书而知晓该案件事实的次日起计算。

一审结案后经过三年的，不得请求复审。

一审结案后发生的复审事由，本条第三款规定的期间自该事由发生的次日起计算。

以该一审的审理结果与之前结案的其他案件审理结果相抵触为由申请复审的，不适用本条第一款和第三款的规定。

**第一百八十一条**　（复审恢复的专利权效力之限制）符合下列情形之一的，恢复后的专利权效力不及于一审审结后复审请求登记前善意进口或者在国内生产或者取得的有形物：

（一）被宣告无效的专利权或者专利权经复审恢复的；

（二）一审作出“不属于专利权的权利范围”的判决之后，复审作出与此相反的判决的；

（三）一审驳回的专利申请或者驳回（在专利权存续期间）

申请续展的请求，经复审一审判决被撤销而取得专利权登记或者专利权期间得以续展的；

符合本条第一款规定之情形的，其专利权的效力不及于下列情形：

（一）一审终结后复审请求登记前，对该专利发明的善意实施；

（二）该专利发明为实物发明专利权的，一审终结后复审请求登记前善意生产、转让、租赁、进口专门用于制造该专利实物的物品，或者请求进口、转让、租赁该物品的；

（三）该专利发明为方法发明专利权的，一审终结后复审请求登记前善意生产、转让、租赁、进口专门用于实施该专利方法的物品，或者请求进口、转让、租赁该物品的。

**第一百八十二条** （专利权经复审恢复时先使用人的一般实施权）符合本法第一百八十一条第一款规定情形之一的，一审终结后复审请求登记前在国内善意实施或者准备实施该专利发明的权利人，可以在实施或准备实施的目的范围内取得该专利发明的一般实施权。

**第一百八十三条** （经复审丧失一般实施权的原权利人的一般实施权）根据本法第一百三十八条第一款及第三款的规定赋予一般实施权的法院的判决，经复审程序被撤销的，复审请求登记前在国内善意实施该专利或善意准备实施该专利的当事人，可以在原一般实施权的规模以及目的范围内，从复审终结时尚存的独占实施权取得一般实施权。

本法第一百零四条第二款的规定，适用本条第一款的情形。

**第一百八十四条** （复审程序中有关审判规定的准用）在复审程序中，准用不违反其案件性质的审判规定。

**第一百八十五条** （《民事诉讼法》的适用）《民事诉讼法》第四百五十九条第一款的规定，适用本章规定的复审程序。

## 第九章 诉 讼

**第一百八十六条** （对判决等的申诉）对于判决的申诉以及驳回起诉或者复审请求的决定的申诉，由专利法庭管辖。

本条第一款规定的申诉，限于当事人、参加人或者申请参加该审判或者复审而被拒绝的申请人提出。

本条第一款规定的申诉，自送达受理决定或者决定的副本之日起经过三十日的，不得提出。

前款规定的期限为不变期限。

对于因路程遥远或者交通不便的有关当事人，审判长依职权有权按照前款规定的不变期限的基础上再附加期限。

对可以请求审判的事项的申诉，如果不是针对判决的，不得提出。

对于本法第一百六十二条第二款第四项规定的代价的审理及本法第一百六十五条第一款规定的审判费用的判决或者裁定，不能适用本条第一款的规定而单独提起诉讼。

对专利法庭的判决，可以向大法院提起上诉。

**第一百八十七条** （被告适格）关于前条第一款的申诉，必须以专利厅厅长为被告执行。但是，对于本法第一百三十三条第一款或者第一百三十四条第一款、第一百三十五条第一款、第一百三十七条第一款、第一百三十八条第一款及第三款的判决，或者针对这些判决的复审决定，必须以该审判或复审的请求人或者被请求人为被告。

**第一百八十八条** （申诉通知以及判决正本的报送）当有前条附则规定的申诉的，法院必须及时将其要旨通知专利审判庭庭长。

关于本法第一百八十七条附则规定的申诉的诉讼手续完备时，法院必须及时向专利审判庭庭长报送各级审判的判决正本。

**第一百八十八条之二** （技术审查官的除名、回避）对于《法院组织法》第五十四条之二规定的技术审查官的除名、回避，参照本法第一百四十八条、《民事诉讼法》第四十二条至第四十五条、第四十七条以及第四十八条的规定。

根据本条第一款规定的关于技术审查官的除名、回避，由其所属法院认定。

认定技术审查官有除名、回避等事由时，得到专利法庭庭长的许可后方可进行。

**第一百八十九条** （判决或者裁定的撤销）法院认为根据本法第一百八十六条第一款的规定提出的申诉，符合法定事由的，应当以裁判的形式撤销该判决或者裁定。

根据本条第一款的规定，该判决或者裁定被撤销时，审判官应当重新审理并作出判决。

根据本条第一款的规定作出的判决，具有撤销理由的，对专利审判员进行羁束。

**第一百九十条** （有关补偿金或者代价不服的诉讼）根据本法第四十一条第三款和第四款、第一百零六条第三款、第一百零六条第二款第二项以及第一百三十八条第四款关于补偿金及代价的判决、裁定或者裁定不服的当事人，可以就其审判向法院提起诉讼。

本条第一款规定的诉讼，自送达判决书、裁定书或者裁定的副本之日起超过三十日的，不得提出。

本条第二款规定的期限为不变期限。

**第一百九十一条** （有关补偿金或者代价诉讼的被告）关于本法第一百九十条规定的诉讼，以符合下列条件者为被告：

（一）有支付本法第四十一条第三款和第四款规定的补偿金义务的部门或者申请人；

（二）有支付本法第一百零六条第三款及第一百零六条第三款规定的补偿金义务的部门、专利权人、专用实施权人以及一般实施权人；

（三）有支付本法第一百一十条第二款第二项以及第一百三十八条第四款规定的代金义务的一般实施权人、专用实施权人、专利权人、实用新案权人或者是设计人。

**第一百九十一条之二** （专利申请代理人的报酬和诉讼费用）对于代理诉讼的专利申请代理人的报酬，参照《民事诉讼法》第一百零九条的规定，此时辩护人视为专利申请代理人。

## 第十章　根据《专利合作条约》的国际申请

### 第一节　国际申请程序

**第一百九十二条** （可以提出国际申请者）符合下列条件者方可向专利厅厅长提出国际申请：

（一）韩国公民；

（二）在国内有住所或者营业场所的外国人；

（三）不符合本条第一款和第二款的规定，但是，以本条第一款和第二款规定的人为代表提出国际申请的人；

（四）符合知识经济部令规定要件的人。

**第一百九十三条** （国际申请）提出国际申请的人必须以知识经济部令指定的语言来制作申请书、专利说明书、请求范围以及图片和简要说明书，并提交给专利厅厅长。

本条第一款规定的申请书必须具备下列内容：

（一）该申请为根据《专利合作条约》提出的国际申请的表示；

（二）指定需要保护该发明申请的《专利合作条约》签约国；

（三）本款第二项规定的指定国中，申请《专利合作条约》

第二款第 iv 项规定的地方专利时的意愿；

（四）申请人的姓名、名称或者住所地、营业地以及国籍；

（五）有代理人的，要有代理人的姓名、住所地或者营业地；

（六）发明的名称；

（七）发明人的姓名以及住所地或者营业地（限于指定国法律规定须进行记载的情况）。

本条第一款中规定的专利说明书，应当详细明确记载，要让该发明所属技术领域内具有一般知识的使用人都能够容易实施。

本条第一款规定中的请求范围，应当明确、简要记载需要保护的事项，并与说明书相辅相成。

除本条第一款至第四款以外的国际申请所需要的其他必要事项，由知识经济部作出规定。

**第一百九十四条** （国际申请日的认定）专利厅厅长应当将国际申请到达专利厅之日为《专利合作条约》第十一条规定的国际申请日（以下称国际申请日），但是，不符合下列各项之一的，不应认定为国际申请日：

（一）申请人达不到本法第一百九十二条规定的要求的；

（二）没有按照本法第一百九十三条第一款的规定使用语言的；

（三）未提出本法第一百九十三条第一款规定的专利说明书和请求范围的；

（四）未记载本法第一百九十三条第二款第一项和第二项规定的事项以及申请人姓名或者名称的。

国际申请符合本条第一款但书的规定时，专利厅厅长应当指定时间令其补充。

国际申请中对有关图片进行了记载，但是没有提供图片的，专利厅厅长应当告知申请人相关的要求。

根据本条第二款的规定接到补充通知的申请人提交补充材料

时，专利厅厅长应当以补充材料到达之日为国际申请日；根据本条第三款的规定在知识经济部令规定的期限内提交图片的，图片到达之日为国际申请日。但是，根据本条第三款的规定，在知识经济部令规定的期限内未能提供图片的，视为没有关于图片的记载。

**第一百九十五条** （补充命令）国际申请符合下列各项之一的，专利厅厅长指定期限令申请人进行补充：

（一）未记载发明名称的；

（二）未提交简要说明书的；

（三）违反本法第三条或者第一百九十七条第三款规定的；

（四）违反知识经济部令规定的方式的。

**第一百九十六条** （被视为撤回的国际申请等）国际申请符合下列各项之一的，视为申请被撤回：

（一）根据本法第一百九十四条的规定，接到补充命令的申请人未提交补充材料的；

（二）未在知识经济部令规定的期限内提交国际申请手续费，符合《专利合作条约》第十四条第一款规定的；

（三）已根据本法第一百九十四条的规定确定国际申请日的国际申请，在知识经济部令规定的期限内被发现该国际申请符合本法第一百九十四条第一款但书的规定内容的。

在知识经济部令确定的期限内未缴纳国际申请一部分手续费，并且符合《专利合作条约》第十四条第三款第二项规定的未缴纳手续费的国家的指定，视为被撤回。

根据本条第一款和第二款的规定国际申请或者一部分国家的指定被视为撤回的，专利厅厅长应当把相关情况通知给申请人。

**第一百九十七条** （代表人等）两个以上的申请人共同提出国际申请的，对于本法第一百九十二条至第一百九十六条以及第一百九十八条规定的程序，可以由申请人的代表人进行。

两个以上的申请人共同提出国际申请时，未确定代表人的，可以根据知识经济部令的规定确定。

希望本条第一款规定的程序由代理人进行的，除本条第三款规定的法定代表人以外，可以让专利申请代理人来担当代理人。

**第一百九十八条** （手续费）国际申请人应当支付申请手续费。

本条第一款规定的手续费数额、支付方法以及支付期限由知识经济部令作出规定。

**第一百九十八条之二** （国际调查以及国际预审）专利厅应当根据与《专利合作条约》第二条规定的国际事务所签订的协定，对国际申请执行国际调查机关及国际预审机关的业务。

根据本条第一款的规定执行业务时，必要的事项由知识经济部令作出规定。

## 第二节　关于国际专利申请的特别规定

**第一百九十九条** （根据国际申请的专利申请）根据《专利合作条约》规定的国际申请日所承认的国际申请，并在指定国中包括韩国（限于有关专利申请）的，视为在国际申请日提出的专利申请。

根据本条第一款的规定视为专利申请的国际申请（以下称“国际专利申请”）的，不适用本法第五十四条规定。

**第二百条** （关于视为未公开之发明的特别规定）关于申请国际专利的发明，欲适用本法第三十条第一款第一项规定的申请人，可以不顾本法第三十条第二款的规定，将记载其意愿的书面文件及其证据材料，在知识经济部令规定的期限内直接向专利厅厅长提出。

**第二百零一条** （国际专利申请的译文）用外国语书写国际专利申请（以下称“外语专利申请”）的申请人，自《专利合作条约》第二条第 xi 款规定的优先日（以下称“优先日”）起两年七个月内必须向专利厅厅长提出国际申请日提交的专利说明书、请求范围、图纸以及简要说明书的韩国语译文。但是，以外国语提出国际专利申请的申请人根据《专利合作条约》第十九条的规定对请求范围进行补充的，可以用补充后的韩国语译文取代国际申请日提交的韩国语译文。

在本条第一款规定的期限内未提交前款规定的专利说明书及请求范围的译文时，视为撤回国际专利申请。

根据本条第一款的规定提交译文的申请人，在国内书面文件提交期间内可以提出替代该译文的新译文，但是，申请人已提出专利审查请求的除外。

记载于国际申请日提交的国际专利申请的专利说明书、请求范围以及图纸的事项，在国内书面文件提交期间内（在此期间内，申请人请求申请专利审查的，为其请求时间，以下称“基准时间”）提交的、本条第一款以及第三款规定的译文（以下称“申请译文”）中却未涉及的事项，视为在国际申请日提交的国际专利申请说明书、请求范围及图纸上未进行此项记载。

国际专利申请的国际申请日申请书，视为根据本法第四十二条第一款的规定提出的申请书。

国际申请日提交的专利说明书、请求范围、图纸以及简要说明书的韩国语译文，视为根据本法第四十二条第二款的规定提交的专利说明书、图纸以及简要说明书。

根据本条第一款但书的规定，提交补充后的请求范围韩国语译文时，不适用本法第二百零四条第一款和第二款的规定。

根据本条第一款但书的规定，仅提交补充后的请求范围韩国语译文的，国际申请日提交的请求范围不认可此范围。

**第二百零二条** （对于专利申请等优先权主张的特别规定）对于国际专利申请，不适用本法第五十五条第二款及第五十六条第二款的规定。

在适用有关国际专利申请的本法第五十五条第四款的规定时，同款中的“专利申请的申请书中最初附着的专利说明书或者图纸”为本法第二百零一条第一款规定的国际申请日提交的国际申请专利说明书、请求范围、图纸（仅限于图纸中的说明部分）以及这些材料的同条第四款规定的申请译文或者国际申请日提交的国际申请的图纸（除图纸中的说明部分），“申请公开”为《专利合作条约》第二十一条规定的“国际公开”。

申请人是国际专利申请人或者是《实用新型法》第三十四条第二款规定的国际实用新型登记申请人的，在适用本法第五十五条第一款、第三款至第五款以及第五十六条第一款的规定时，按照下列各项处理：

（一）本法第五十五条第一款规定的各项以外的部分文本、同条第三款及第五款规定的各项以外的部分中，“申请书中最初附着的专利说明书或者图纸”视为“国际申请日提交的国际申请的专利说明书，请求范围或者图纸”；

（二）本法第五十五条第四款中“申请人的申请书中最初附着的专利说明书或者图纸”是“申请人在国际申请日提出的国际申请明细书，请求范围或者图纸”，“关于申请人的申请公开”视为《专利合作条约》第二十一条规定的“国际公开”。

（三）本法第五十六条第一款各项以外的部分本文中“申请日开始一年三个月以后”视为“国际申请日开始经过一年三个月以后或者第二百零一条第四款，《实用新案法》第三十五条第四款规定的晚于基准日”。

根据本法第五十五条第一款的规定，申请人基于本法第二百一十四条第四款以及《实用新案法》第四十条第四款规定的专利申请或者实用新型登记申请而成为国际申请人时，在适用本法第五十五条第一款、第三款至第五款及第五十六条第一款的规定时，依照下列各项规定：

（一）本法第五十五条第一款各项以外的部分本文，以及同条第三款及第五款规定的各项以外的部分中，将“申请书中最初添附的专利说明书或者图纸”视为“根据第二百一十四条第四款或者《实用新型法》第四十条第四款的规定认定为国际申请日时提交的国际申请的说明书，请求范围或者图纸”；

（二）在本法第五十五条第四款规定中，将“先申请的申请书中最初添附的专利说明书或者图纸”视为“根据第二百一十四条第四款或者《实用新案法》第四十条第四款的规定认定为国际申请日时的先申请的国际申请说明书，请求范围或者图纸”。

（三）本法第五十六条第一款各项以外的部分本文中，将“申请日开始一年三个月以后”视为“根据本法第二百一十四条第四款或者《实用新型法》第四十条第四款的规定可以认定为国际申请日开始经一年三个月之后，或者作出本法第二百一十四条第四款或者《实用新型法》第四十条第四款规定的决定之日中，较晚的日期”。

**第二百零三条** （书面材料的提交）国际专利申请的申请人，在优先日期间内，应当向专利厅厅长提交记载下列有关事项的书面材料；以外国语提交国际专利申请的，应当根据本法第二百零一条第一款的规定同时提交韩国语译文：

（一）申请人的姓名或者名称以及住址（法人的场合，应当提交其名称及营业地）；

（二）申请人有代理人的，代理人的姓名以及住所地或者营业场所所在地（代理人是专利法人时，提供其名称、事务所所在地以及指定的专利申请代理人）；

（三）删除〈于2001.2.3〉；

（四）发明的名称；

（五）发明人的姓名以及住址或者营业场所所在地；

（六）国际申请日及国际申请编号。

专利厅厅长在下列情况下，指定适当的期限，有权命令补充手续：

（一）根据前款规定应当提出的书面材料，未在同款规定的期限内或者同款规定的时间提出的；

（二）依前款的规定需要进行的手续违反本法或者本法规定的命令所确定的方式的。

根据本条第二款的规定，令其进行补充手续者，在同款规定所指定的期限内未进行补充的，专利厅厅长有权认定该国际专利申请无效。

**第二百零四条** （接到国际调查报告书之后的补充）国际专利申请的申请人，在根据《专利合作条约》第十九条第一款的规定进行补充时，至基准日为止（基准日为请求专利审查之日时，指该请求专利审查之日），向专利厅厅长提出符合下列各项的书面材料：

（一）有关外国语专利申请的补充，须提交该补充书的韩国语译文；

（二）用韩国语提交国际专利申请的，须提交专利说明书副本。

根据本条前款的规定提交补充书的副本或者补充书的译文时，根据其补充书的副本或者补充书的译文，视为就专利请求的范围已进行依本法第四十七条第一款规定的补充手续，但是，有关韩国语专利申请的补充，根据《专利合作条约》第二十条的规定在本条前款规定的期限内向专利厅提交补充书时，根据其补充书，可视为对专利请求的范围已进行补充手续。

根据《专利合作条约》第十九条第一款的规定向国际事务所提交专利说明书时，至基准日为止，国际专利申请人应当向专利厅厅长提交下列各项书面材料：

（一）对于外国语专利申请的补充，须提交该专利说明书的韩国语译文；

（二）用韩国语提交国际专利申请的，须提交专利说明书副本。

国际专利申请人到基准日为止未进行本法第一款或者第三款规定的手续时，视为未提出《专利合作条约》第十九条第一款规定的补充文件或者专利说明书，但是，以韩国语申请国际专利时，根据《专利合作条约》第二十条的规定，至基准日为止，其补充文件或者专利说明书到达专利厅时为例外。

**第二百零五条** （国际预审报告书提交之前的补充）国际专利申请人根据《专利合作条约》第三十四条第二款第二项的规定，对国际专利申请说明书、请求范围以及图纸进行补充后，至基准日为止，向专利厅厅长提交下列各项材料之一：

（一）对于外国语专利申请的补充，须提交该补充文件的韩国语译文；

（二）用韩国语提交国际专利申请的，须提交补充文件副本。

根据前款的规定提交补充书的副本或者补充书的译文时，根据其补充书的副本或者补充书的译文，视为就专利请求的范围进行了依本法第四十七条第一款规定的补充手续，但是，有关韩国语专利申请的补充，根据《专利合作条约》第三十六条第三款第一项的规定，至基准日为止，向专利厅提交补充书时，根据其补充书，可视为对专利请求的范围进行了补充手续。

国际专利申请人至基准日为止未进行根据本条第一款规定的手续的，视为未提出《专利合作条约》第三十四条第二款第二项规定的补充文件，但是，以韩国语申请国际专利时，根据《专利合作条约》第三十六条第三款第一项的规定，至基准日为止，其补充文件到达专利厅时为例外。

**第二百零六条** （关于在外人专利管理人的特别规定）在外人作为国际专利申请人的，在基准日之前可以不按照本法第五条第一款的规定以及不依靠专利管理人而进行专利程序。

根据本条第一款的规定提出申请译文的在外人，应当在知识经济部令规定的时间内选任专利管理人向专利厅厅长申请。

没有本条第二款规定的选任申请的场合，视为该国际专利申请被撤回。

**第二百零七条** （关于申请公布时间及其效力的特别规定）关于国际专利申请人申请公开适用第六十四条第一款时，“从符合下列各项情形之时起，经过一年六个月”，视为“优先日期间已经过”。

不按照本条第一款的规定以韩国语申请国际专利申请的，进行本条第一款规定的申请公开之前，已根据《专利合作条约》第二十一条的规定已经进行国际公开的，将此国际公开之时，为申请公开。

国际专利申请人就国际专利申请进行国内公开之后，出示记载有关国际专利申请的发明内容的书面材料而提出警告时，对于在发生此警告后申请公告前，以其为业实施该发明的人，如果该发明为专利发明，可以就其实施请求支付相当于一般应受金额的补偿金；即使未提出警告，但是明知是在国内公开的国际专利，在进行专利权设立登记之前实施其发明的人，同样可以请求索赔，但是，该请求权必须是在专利权设立登记以后才可以行使。

**第二百零八条** （关于补正的特别规定）国际专利申请不符合下列各项要件，即使符合本法第四十七条第一款的规定，也不能进行补正（根据第二百零四条第二款及第二百零五条第二款补正除外）：

（一）支付本法第八十二条第一款规定的手续费；

（二）提交本法第二百零一条第一款规定的韩国语译文，但是，以韩国语申请的国际专利申请的情形除外；

（三）超过基准日。

关于以外国语提交的国际专利申请补正的范围，适用本法第四十七条第二款的规定时，“专利申请书中最初附着的说明书或者图纸上记载的事项”是指“国际申请日提交的国际申请说明书、请求范围、图纸的译文或者国际申请日提交的国际专利申请图纸中记载的事项”。

**第二百零九条** （关于变更申请期的限定）将依《实用新型法》第三十四条第一款的规定被视为实用新型登记申请的国际申请变更为专利申请，不拘束于同法第五十三条第一款的规定，并根据同法第三十五条第一款的规定提交译文，并且必须在缴纳依同法第十七条第一款的规定应纳手续费（依同法第四十条第四款的规定被视为国际申请日提出国际申请的，在同款所规定的决定）之后，方能进行。

**第二百一十条** （请求申请审查时期的限定）国际专利申请人必须在办理本法第二百零一条第一款规定的手续（不包括以韩国语提出的国际专利申请），并且依本法第八十二条第一款的规定缴纳应纳的手续费之后，而且必须是国际专利申请人在本法第二百零一条第一款规定的期限内提出国际专利申请审查请求，否则不适用本法第五十九条第二款的规定，不得以国际专利申请要求审查。

**第二百一十一条** （关于在国际调查报告书记载的文献的提交命令）专利厅厅长对国际专利申请人指定期限，让其提交《专利合作条约》第十八条规定的国际调查报告书或者同条约第三十五条规定的国际预备审查报告书中记载的文献副本。

**第二百一十二条** 删除〈于 2006.3.3〉

**第二百一十三条** （判决无效的专利的特别规定）关于以外国语申请的国际专利申请，除本法第一百三十三条第一款各项规定之外的发明，相当于下列各项之一时，可以请求判决该专利无效：

（一）在国际申请日申请的国际专利说明书、请求范围或者图纸（仅限于图纸中的说明部分）和申请译文中同时记载的发明；

（二）在国际申请日申请的国际专利图纸（除图纸中的说明部分）中记载的发明。

**第二百一十四条** （被确定为是专利申请的国际申请）国际申请的申请人，因《专利合作条约》第四条之一、二规定的指定国中包括韩国的国际申请（限于有关专利申请者）符合下列各项之一的，在知识经济部令规定的期限内，根据知识经济部令的规定，可以向专利厅厅长提出旨在作同条之二第一项所规定的决定的申请：

（一）《专利合作条约》第二条第 xv 款的受理部门对国际申请依照同条约第二十五条第一款第一项的规定予以否决的；

（二）《专利合作条约》第二条第 xv 款的受理部门对国际申请依照同条约第二十五条第一款第一项或者第二项的规定作出宣言的；

（三）国际事务所对国际申请依照同条约第二十五条第一款第一项的规定进行认定的。

申请本条第一款规定事项的申请人，申请时必须向专利厅厅长提交申请书、说明书、请求范围、图纸以及其他由知识经济部令规定的有关国际申请文件的韩国语译文。

当有本条第一款规定的申请时，专利厅厅长必须将有关申请的否决、宣言或者认定依照条约及同条约的规定，作出正当与否的裁定。

根据前款的规定，专利厅厅长将同款的否决、宣言或认定与条约以及同条约的规定进行对照，作出不正当之决定时，有关决定的国际申请，被认为未被否决、宣言或认定的情况下，可被承认为在国际申请日提出的专利申请。

专利厅厅长根据本条第三款的规定作出正当与否的裁定时，必须把其裁定的副本送达给国际专利申请人。

根据本条第四款的规定被认定为专利申请的国际申请参照本法第一百九十九条第二款、第二百条、第二百零一条第四款和第八款、第二百零二条第一款和第二款、第二百零八条、第二百一十条以及第二百一十三条的规定。

按照本条第四款的规定被认定为专利申请的国际申请的申请公开，将本法第六十四条第一款中的“专利申请之日”确定为“第二百零一条第一款的优先日”。

## 第十一章 附 则

**第二百一十五条** （关于在专利请求范围内记载两个以上发明的特别规则）关于在专利请求的范围内记载两项以上发明的专利或专利权，在适用第六十五条第六款、第八十四条第一款第二项、第八十五条第一款第一项（限于消灭）、第一百零一条第一款第一项、第一百零四条第一款第一项和第三项或者第五项、第一百一十九条第一款、第一百三十三条第二款和第三款、第一百三十六条第六款、第一百三十九条第一款、第一百八十一条、第一百八十二条以及《实用新型法》第二十六条第一款第二项和第四项或者第五项规定的场合，可以视为按每项发明授予专利或者享有专利权。

**第二百一十五条之二** （关于两个以上申请项的专利申请注册的特别细则）关于有两个以上申请项的专利申请，接到授予专利决定的申请人，在支付专利费时，可以按照专利请求项类别选择放弃。

根据前款规定，关于抛弃请求项的必要事项由知识经济部令作出规定。

**第二百一十六条** （文件的阅览等）需要阅览或者复制专利或者关于判决的证明、书面文件的副本或者抄本、书面文件的人，可以向专利厅厅长提出申请。

即使有本条第一款规定的申请，在尚未进行设定登记或者申请公开的专利申请材料，以及有扰乱公共秩序、违反善良风俗之虞时，专利厅厅长或者专利法庭庭长不得许可该申请。

**第二百一十七条** （禁止泄露和公开专利申请审查、审判、复审或者专利原件）专利申请、审查、审判、复审有关的书面材料或者专利原件除符合下列各项之一的以外，不得向外泄露：

（一）为了调查本法第五十八条第一款和第二款规定的在先技术，披露专利申请或者与审查有关的书面材料；

（二）为了本法第二百一十七条之二第二项规定的专利文书电子化业务委托，披露有关专利申请、审查、审判、复审的书面材料或者专利原件；

（三）为了《电子政府法》第三十条规定的在线远程办公的需要，披露有关专利申请、审查、审判、复审的书面材料或者专利原件。

对于正在进行中的专利申请审查、审判及复审的内容以及对于是否授予专利的判决、裁定的内容，提出鉴定、证言、质疑的，不进行答复。

**第二百一十七条之二** （专利文件电子化办公的委托）为了有效处理专利程序，在认为确有必要的，专利厅厅长可以把专利申请、审查、审判、复审有关的书面材料或者专利原件，利用电算信息处理组织及其技术进行电子化办公的业务以及与此相似的业务，委托给知识经济部令指定的法人进行处理。

本条第一款规定的受托人的雇员、职员或者在职人员，因其工作原因而知晓相关专利申请有关发明的秘密的，不得泄露、盗用。

关于未按照本法第二十八条之三第一款的规定提交电子版专利申请和其他知识经济部令规定的文书，专利厅厅长可以根据本条第一款的规定，将其电子化，并输入至专利厅或者专利审判法庭使用的电算信息处理组织文件夹中。

根据本条第四款的规定，输入至文件夹中的内容，视为与其书面材料中记载的同一内容。

关于本条第一款规定的专利文书电子化业务的履行方法及其他履行的必要事项由知识经济部令确定。

根据本条第一款的规定，受托人未能达到受托要求，并由专利厅厅长要求改正以后，仍达不到要求的，专利厅厅长可以取消其委托，但是应当给予受托机构申辩的权利。

**第二百一十八条** （文件的送达）本法规定的有关文件的送达程序，由总统令规定。

**第二百一十九条** （公告送达）无法知道接收通知人的住址、营业地及其他到达通知的场所时，可以以公告送达。

公告送达应当记载受送达人随时交付的意思。

最初的公告送达，自专利公报上记载之日起经二周后发生效力，但是，对同一当事人的以后的公告送达，自在专利公报上记载的次日起发生效力。

**第二百二十条** （对于在外者的送达）在外国的本国人有专利管理人时，必须通知专利管理人。

没有专利管理人的，可以将文件用航空挂号邮件发出。

按照第二款的规定用航空邮件发送时，送达日以航空发送日为准。

**第二百二十一条** （专利公告报）专利厅应当发行专利公报。

专利公报由知识经济部令作出规定，可以以电子媒介发行。

专利厅厅长用电子媒介发行专利公报时，应当使用信息通信网告知专利公报的发行事实、主要目录及公告送达等有关事项。

**第二百二十二条** （文件的提交等）专利厅厅长或者审查官为了处理审判或者复审有关程序以外的程序，有权要求当事人提供与其相关的必要文书及物品。

**第二百二十三条** （专利标志）专利权人、专用实施权人或一般实施权人，对产品的专利发明或者关于产品制造方法的专利发明，可以在其产品或者在该产品的包装上，附上该产品或者方法的发明有关专利标志。

**第二百二十四条** （虚伪标志的禁止）任何人不得为下列行为：

（一）在有关专利产品以外的产品及其包装上，附上专利标志或者容易混淆的标志；

（二）有关专利产品以外的物品及其包装上附上专利标志或者容易混淆的标志，并为了进行转让、借让，或者以转让、借让为目的进行展示；

（三）为了生产或者使用有关专利产品以外的物品或者为了转让、借让，而在广告上附上旨在与该物品的发明有关的专利的标志，或者容易混淆的标志；

（四）为了使用专利发明方法以外的方法，或者为了转让、借让，而在广告上附上旨在与该方法发明有关的专利的标志，或者容易混淆的标志。

**第二百二十四条之二** （对有关裁定不服的限定）对于补正驳回裁定、授予专利与否的裁定或者判决、审判请求书和复审请求书的驳回裁定，不能根据其他法律提出不服请求，而且对于根据本法的规定不能提出不服请求的处理裁定，不能根据其他法律的规定提出不服请求。

对本条第一款规定的情形之外的处理裁定提出不服请求的，可以遵照《行政审判法》或者《行政诉讼法》的有关规定处理。

## 第十二章　罚　　则

**第二百二十五条** （侵害罪）侵犯专利权或者专用实施权的，判处七年以下有期徒刑，或者处以一亿元以下的罚金。

本条第一款规定的犯罪，属于告诉才处理案件。

**第二百二十六条** （泄露秘密罪等）专利厅的职员或者专利审判法庭的职员，泄露或者盗用因其职务知晓的专利申请中关于发明的秘密的，判处五年以下有期徒刑，或者处以五千万元以下的罚金。

**第二百二十六条之二** （有关专门机关的雇员、职员等公务员的议题）本法第五十八条第一款规定的专门机关或者专利文书电子化机关的雇员、职员，根据本法第二百二十六条的规定，可以视为是专利厅职员或者在其职人员。

**第二百二十七条** （伪证罪）根据本法的规定进行宣誓的证人、鉴定人以及翻译人向专利审判法庭作出虚假的陈述、鉴定以及翻译的，判处五年以下有期徒刑，或者处以一千万以下的罚金。

犯有本条第一款规定的罪者，在作出判决之前自首的，可以减刑或者免刑。

**第二百二十八条** （虚假标志罪）违反本法第二百二十四条规定者，判处三年以下徒刑或二千万以下罚金。

**第二百二十九条** （诈骗行为罪）以诈骗或者其他不正当的手段获得专利、专利权的存续期间的延长登记或者判决的，判处三年以下有期徒刑，或者处以二千万元以下罚金。

**第二百三十条** （两罚规定）法人的法定代表人，以及法人或者个人的代理人、使用人及其他从业者，就该法人或者个人的业务作出违反第二百二十五条第一款、第二百二十八条或者第二百二十九条规定中的任何一项规定的，除处罚行为者外，法人按照下列各项任意之一、个人按照相关条文判处罚金，但是，法人或者个人为了防止违反行为的发生个尽职守的除外：

（一）本法第二百二十五条第一款规定的情形，处以三亿元以下罚金；

（二）本法第二百二十八条或者第二百二十九条规定的情形，处以六千万以下的罚金。

**第二百三十一条** （没收等）造成本法第二百二十五条第一款规定的侵害行为的物品或者因其侵害行为而产生的物品，应当宣告没收该物品或者根据被害人的请求返还其物品。

被害人根据本条第一款的规定请求返还物品的，因侵害行为造成物品价值受损的，可以就价值受损部分请求赔偿。

**第二百三十二条** （滞纳金）符合下列各项之一的，处以五十万元以下的滞纳金：

（一）根据《民事诉讼法》第二百九十九条第二款及同法第三百六十七条的规定依法宣誓，但向专利审判法庭作出虚假陈述者；

（二）根据专利审判法庭的命令，要求其提出证据调查和证据保全相关物品及文书，但无正当理由拒不提供者；

（三）删除〈于 2006.3.3〉；

（四）被专利审判法庭传唤的证人、鉴定人或者是翻译人，无正当理由拒不到庭或者拒绝宣誓、陈述、证言、鉴定或者翻译的。

本条第一款规定的滞纳金，由总统令作出规定，由专利厅厅长即时征收。

根据本条第二款的规定征纳滞纳金的当事人，可以在接到征收通知之日起三十日内，向专利厅厅长提出异议。

根据本条第二款的规定征纳滞纳金的当事人，根据本条第三款的规定提出异议的，专利厅厅长应当立即向所属法院通知其事实，接到其通知的法院按照《非诉讼程序法》的规定进行关于滞纳金的审判。

在本条第三款规定的期限内未提出异议，也未支付滞纳金的，应当根据税务滞纳处分条例进行征收。

# 俄罗斯联邦专利法[1]

（1964年颁行，1975年修改）

## 第一节　一般规定

**第1345条**　专利权

1. 发明、实用新型、外观设计的智力权利是专利权。

2. 发明、实用新型或外观设计的作者享有下列权利：

（1）专属权；

（2）作者身份权。

3. 在本法典规定的情况下，发明、实用新型或外观设计的作者还享有其他权利，包括取得专利证书的权利、职务发明、实用新型或外观设计使用时的报酬权。

**第1346条**　发明、实用新型或外观设计专属权利在俄罗斯联邦境内的效力

在俄罗斯联邦，承认联邦知识产权行政管理机关颁发的专利证书所证明的或者依照俄罗斯联邦签署的国际条约在俄罗斯联邦境内有效的专利证书所证明的发明、实用新型或外观设计的专属权。

**第1347条**　发明、实用新型或外观设计的作者

发明、实用新型或外观设计的作者是以创造性劳动创作相应智力活动成果的公民。如果没有相反证明，发明、实用新型或外观设计的专利申请书中作为作者指出的人，视为发明、实用新型或外观设计的作者。

---

[1] 本部分载于《俄罗斯联邦民法典》第七编“智力活动成果和个别化手段的权利”之第七十二章“专利法”。

**第 1348 条** 发明、实用新型或外观设计的合作者

1. 以共同劳动创造发明、实用新型或外观设计的公民，是合作者。

2. 每位合作者均有权按照自己的意志使用发明、实用新型或外观设计，但他们的协议有不同规定的除外。

3. 对合作者涉及分配发明、实用新型或外观设计使用收益和处分发明、实用新型或外观设计专属权的关系，相应地适用本法典第 1229 条第 3 款的规则。

取得发明、实用新型或外观设计专利证书的权利由合作者共同行使。

4. 每位合作者均有权独立采取措施维护自己对发明、实用新型或外观设计的权利。

**第 1349 条** 专利权的客体

1. 专利权是科学技术领域内符合本法典对发明和实用新型要求的智力活动成果以及符合本法典对外观设计规定要求的工业品艺术设计领域内智力活动成果。

2. 对含有构成国家机密的发明（机密发明）适用本法典的规定，但本法典和依照本法典颁布的其他法律文件有专门规定的除外。

3. 含有构成国家机密的信息材料的实用新型和外观设计，不依照本法典提供法律保护。

4. 不得成为专利权客体的有：

（1）克隆人的方式；

（2）改变人类胚胎组织基因完整性的方式；

（3）将人类胚胎用于工业和商业目的；

（4）违反公共利益、人道原则和道德的其他决策。

**第 1350 条** 发明的专利能力条件

1. 任何领域涉及产品（包括涉及装置、物质、微生物菌株、

植物或动物组织培育）或方式（借助于物质手段对物质客体实施作用的过程）的技术决策均作为发明受到保护。

如果发明具有新颖性并具有发明水平和工业实用性，则发明受到法律保护。

2. 如果发明是现有技术水平中所没有的，则发明具有新颖性。

如果对于专业人员而言，发明不是来自于现有技术水平，则发明具有发明水平。

现有技术水平包括截至发明优先权之日为止世界上已经普及的任何信息材料。

在确定发明的新颖性时，现有技术水平也包括在其更早优先权的条件下其他人在俄罗斯联邦提出的发明和实用新型的专利申请，这些发明和实用新型的文件任何人均有权依照本法典第1385条第2款或第1394条第2款进行了解，以及包括已经在俄罗斯联邦获得专利证书的发明和实用新型。

3. 发明人、专利申请人披露与发明有关的信息以及从他们那里直接或间接获得信息的任何人披露此信息，从而使关于发明实质的信息材料为公众所知晓，并不妨碍承认发明的专利能力，但条件是发明的专利申请是在披露信息之日起的6个月内向联邦知识产权行政管理机关提出的。关于致使信息被披露的情况的发生不妨碍发明的专利能力的证明责任由申请人承担。

4. 如果发明可以在工业、农业、卫生、其他经济领域或某一专门领域使用，则发明是具有工业实用性的。

5. 不是发明的有：

（1）发现；

（2）科学理论和数学方法；

（3）仅涉及产品外观和旨在满足美学需要的决策；

（4）游戏、智力活动和经济活动的规则和方法；

（5）电子计算机程序；

（6）仅为提供信息的决策。

只有在发明的专利申请涉及这些客体时，才依照本款排除将这些客体列为发明的可能性。

6. 对以下各项均不作为发明提供法律保护：

（1）植物品种、动物品种和获得动、植物品种的生物学方法，但以此种方法获得的微生物方法和产品除外；

（2）集成电路布局设计。

**第 1351 条** 实用新型的专利能力条件

1. 涉及装置的技术决策作为实用新型受到保护。

如果实用新型具有新颖性和工业实用性，则对实用新型提供法律保护。

2. 如果实用新型的要件的总和是现有技术水平中所没有的，则实用新型具有新颖性。

现有技术水平包括世界上已经发表的关于与提出专利申请的实用新型有相同用途方法的信息材料，以及关于它们在俄罗斯联邦的应用情况的信息材料，如果这些信息材料在实用新型优先权之日前已经为公众所知晓。现有技术水平也包括在其更早优先权的条件下其他人在俄罗斯联邦提出的发明和实用新型的专利申请，这些发明和实用新型的文件任何人均有权依照本法典第 1385 条第 2 款或第 1394 条第 2 款进行了解；现有技术水平还包括已经在俄罗斯联邦获得专利证书的发明和实用新型。

3. 实用新型的作者、专利申请人披露与发明实用新型有关的信息以及从他们那里直接或间接获得信息的任何人披露此信息，从而使关于实用新型实质的信息材料为公众所知晓，并不妨碍承认实用新型的专利能力，但条件是实用新型的专利申请是在披露信息之日起的 6 个月内向联邦知识产权行政管理机关提出的。关于致使信息被披露的情况的发生不妨碍实用新型的专利能力的证明责任，由申请人承担。

4. 如果实用新型可以在工业、农业、卫生、其他经济领域或某一专门领域使用，则实用新型是具有工业实用性的。

5. 以下各项均不得作为实用新型提供法律保护：

（1）仅涉及产品外观和旨在满足美学需要的决策；

（2）集成电路布局设计。

**第 1352 条** 外观设计的专利能力条件

1. 决定工业产品、手工业产品外观的艺术设计决策作为外观设计受到保护。

如果外观设计在其本质要件方面具有新颖性和独创性，则外观设计受到法律保护。

外观设计的本质要件包括决定产品美学和（或）人类工程学特点的特征，包括形式、轮廓、图案、颜色组合。

2. 如果外观设计反映在产品图案中的和外观设计本质要件清单（第 1377 条第 2 款）中列举的本质要件的总和是直至外观设计优先权之日已经在世界上普及的信息所没有的，则外观设计具有新颖性。

在确定外观设计的新颖性时，还要考虑在其更早优先权的条件下其他人在俄罗斯联邦提出的外观设计的专利申请，这些外观设计的文件任何人均有权依照本法典第 1394 条第 2 款进行了解；在确定外观设计的新颖性时，还应考虑包括已经在俄罗斯联邦获得专利证书的外观设计。

3. 外观设计如果其本质要件具有反映产品特点的创造性，则具有独创性。

4. 外观设计的作者、专利申请人披露与外观设计有关的信息以及从他们那里直接或间接获得信息的任何人披露此信息，从而使关于外观设计实质的信息材料为公众所知晓，并不妨碍实用新型专利能力的承认，但条件是实用新型专利申请的是信息披露之日起的6个月内向联邦知识产权行政管理机关提出的。关于导致信息被披露的情况的发生并不妨碍承认外观设计的专利能力的证明责任，由申请人承担。

5. 下列各项不得作为外观设计受到保护：

(1) 仅受产品技术功能制约的决策；

(2) 建筑艺术客体（小建筑艺术形式除外）、工业构筑物、水力构筑物和其他固定构筑物；

(3) 用液体、气体、粉末状物质或类似物质制造的无固定形式的客体。

**第1353条** 发明、实用新型和外观设计的国家注册

发明、实用新型或外观设计的专属权在相应发明、实用新型或外观设计进行国家注册的条件下得到承认与保护。根据国家注册，联邦知识产权行政管理机关颁发发明、实用新型或外观设计的专利证书。

**第1354条** 发明、实用新型或外观设计的专利证书

1. 发明、实用新型或外观设计的专利证书证明发明、实用新型或外观设计的优先权、作者身份权和发明、实用新型或外观设计的专属权。

2. 根据专利证书并在专利证书所包含的发明公式或相应实用新型公式规定的范围内以发明或实用新型的智力权利提供保护。为了解释发明公式或实用新型公式可以使用描述和图纸（本法典第1375条第2款和第1376条第2款）。

3. 外观设计智力权利的保护根据其专利证书提供，保护范围根据专利证书中反映在产品图案的和外观设计本质要件清单中列举的本质要件的总和决定（第1377条第2款）。

**第1355条** 对发明、实用新型或外观设计的创造和利用的国家奖励

国家鼓励发明、实用新型或外观设计的创造和利用，向其作

者以及专利持有人和利用有关发明、实用新型或外观设计的被许可人依照俄罗斯联邦的立法提供优惠。

## 第二节 专 利 权

**第 1356 条** 发明、实用新型或外观设计的作者身份权

作者身份权，即被承认是发明人、实用新型和外观设计的创作者的权利，是不可转让的和不可移转的，包括在其发明、实用新型或外观设计的专属权转让或移转给他人时以及向他人提供发明、实用新型或外观设计的使用权时均不得转让或移转。对这一权利的放弃自始无效。

**第 1357 条** 取得发明、实用新型或外观设计专利证书的权利

1. 取得发明、实用新型或外观设计专利证书的权利原始地属于发明人和实用新型及外观设计的创作者。

2. 取得发明、实用新型或外观设计专利证书的权利可以移转给他人（权利继受人）或者在法律规定的情况下和依照法律规定的根据进行转让，包括通过概括权利继受程序或根据合同（包括劳动合同）进行转让的情况。

3. 转让取得发明、实用新型或外观设计专利证书的权利应该以书面形式签订。不遵守书面形式的，合同一律无效。

4. 如果转让取得发明、实用新型或外观设计专利证书权利的合同双方当事人未有不同协议，发明、实用新型或外观设计不具有专利能力的风险由权利取得人承担。

**第 1358 条** 发明、实用新型或外观设计的专属权

1. 专利持有人依照本法典第 1229 条的规定享有以任何不与法律相抵触的方式，包括以本条第 2 款和第 3 款规定的方式利用发明、实用新型或外观设计的权利（发明、实用新型或外观设计的专属权）。专利持有人可以处分发明、实用新型或外观设计的

专属权。

2. 发明、实用新型或外观设计的利用包括：

(1) 将利用发明、实用新型或外观设计的产品输入俄罗斯联邦，制造、应用、提供出售、出售、以其他方式进入民事流转或为以上目的保管这些产品。

(2) 对直接取得专利证书的产品实施本款第 1 项规定的行为。以取得专利的方式获得的产品是具有新颖性的，如果没有相反的证明，则相同产品视为通过使用取得专利的方式获得的产品。

(3) 对按照其用途运行（使用）时自动实现取得专利的方式的装置实施本款第 2 项规定的行为。

(4) 应用使用了发明的方式，包括通过采用该方式而进行应用。

3. 如果产品含有该要件发明和实用新型专利证书中公示独立条款列举的每一要件，而方式采用了这种要件，或者与之等同的要件在对该产品或方式实施本条第 2 款规定之行为前已经在该技术领域被知晓，则发明或实用新型被认为已经得到利用。

如果产品含有反映在产品图案和外观设计本质要件清单中列举的外观设计全部本质要件（第 1377 条第 2 款），则外观设计视为在产品中被利用。

如果在利用发明或实用新型时还利用了专利证书关于另一发明或另一实用新型公式的独立条款中所列举的所有本质要件，以及在利用外观设计时利用了另一外观设计的所有本质要件，则该另一发明、另一实用新型或另一外观设计也视为被利用。

4. 如果一项发明、一项实用新型或一项外观设计的专利持有人是两个以上的人，则对他们之间的关系适用本法典第 1348 条第 2 款和第 3 款的规则，而不论专利持有人中是否有一位是该智力活动成果的作者。

**第 1359 条** 不属于侵犯发明、实用新型或外观设计专属权的行为

下列行为不属于侵犯发明、实用新型或外观设计专属权的行为：

（1）将利用了发明、实用新型或外观设计的产品用于外国交通工具（水上运输、航空运输、公路和铁路运输）或航天技术的设计、辅助设备或使用，条件是这些交通工具或航天技术暂时或偶然处于俄罗斯联邦境内并且上述产品的应用仅为了交通工具或航天技术的需要。如果外国也对在俄罗斯联邦注册的交通工具或航天技术提供相同的权利，则上述行为对该外国的交通工具或航天技术交通工具或航天技术也不视为侵犯专属权。

（2）对利用了发明、实用新型或外观设计的产品或方式进行科学研究，或者对产品、方法等进行科学试验。

（3）在非常情况下（自然灾害、浩劫、事故）利用发明、实用新型或外观设计，在最短期限内将利用情况通知专利持有人并随后向他给付相应的补偿。

（4）为满足个人、家庭、居家或其他与经营活动无关的需要而利用发明、实用新型或外观设计，只要利用的目的不是获得利润或收益。

（5）药房根据医生处方一次性利用发明制作药品。

（6）将利用发明、实用新型或外观设计的产品输入俄罗斯联邦，应用、提供出售、出售、以其他方式进入民事流转或为以上目的保管这些产品，如果该产品之前曾由专利持有人或经专利持有人许可由其他人在俄罗斯联邦境内投入民事流转。

**第 1360 条** 为国防安全而利用发明、实用新型或外观设计

俄罗斯联邦政府有权为了防卫和安全允许不经专利持有人同意而利用发明、实用新型或外观设计，但应在最短期限内通知专利持有人并向他给付相应的补偿。

**第 1361 条** 发明、实用新型或外观设计的先用权

1. 在发明、实用新型或外观设计优先权日期（第 1381 条和第 1382 条）之前在俄罗斯联邦境内善意使用了与并非作者创造的相同决策或对此做了必要的准备的人，保留在不扩大使用范围的情况下继续无偿使用相同决策的权利（先用权）。

2. 只有与使用相同决策或对此做了必要准备的企业一起转让才能将先用权转让给他人。

**第 1362 条** 发明、实用新型或外观设计的强制许可

1. 如果发明或外观设计在专利证书颁发之日起的 4 年内，而实用新型在专利证书颁发之日起的 3 年内没有被专利持有人利用或足够地利用，从而导致不能向市场提供足够的相关商品、工作或服务，希望利用或准备利用发明、实用新型或外观设计的任何人，在专利持有人拒绝按实践中形成的条件同该人签订许可合同的情况下，均有权在法院向专利持有人提起要求提供在俄罗斯联邦境内利用发明、实用新型或外观设计的普通（非排他）强制许可的诉讼。在诉讼请求中，该人应该指出向他提供许可的条件，包括发明、实用新型或外观设计的利用范围、金额、支付的程序和期限。

如果专利持有人不能证明，发明、实用新型或外观设计的不利用或不足够利用是由于正当原因所致，法院应作本款第 1 项所指的提供许可的裁判以及提供的条件。许可的总价应该在法院裁判中规定，不得低于可比情况下决定的许可价格。

如果提供普通（非排他）强制许可的情况不复存在或者不可能再产生，则这种许可的效力可以根据专利持有人的诉讼请求通过司法程序予以终止。

2. 如果专利持有人不能利用他享有专属权的发明，同时也不侵犯发明或实用新型另一专利（第一专利）持有人的权利，第一专利持有人拒绝按实践中形成的条件签订许可合同，则专利

(第二专利) 持有人有权在法院对第一专利的持有人提起要求提供在俄罗斯联邦境内可以使用第一专利持有人的发明或实用新型的普通（非排他）强制许可的诉讼。在诉讼请求中，应该说明第二专利持有人提出的向他提供许可的条件，包括发明或实用新型的利用范围、金额、支付的程序和期限。

如果对这种附属发明享有专属权的专利持有人能够证明发明是重要的技术成就，较之第一专利持有人的发明或实用新型有重大的经济优越性，则法院应作出向他提供普通（非排他）强制许可的裁判。根据许可取得的利用受第一专利保护的发明的权利，不得转让给其他人，但转让第二专利的情况除外。

普通（非排他）强制许可的总金额应该在法院裁判中规定，并不得低于可比条件下决定的许可价格。

在依照本款提供的普通（非排他）强制许可的情况下，发明和实用新型使用权的专利持有人，如根据上述许可提供了利用权，则也有权取得利用附属发明的普通（非排他）强制许可，对此按照实践中形成的条件颁发普通（非排他）强制许可。

3. 根据本条第 1 款和第 2 款规定的法院裁判，联邦知识产权行政管理机关对普通（非排他）强制许可进行国家注册。

**第 1363 条**　发明、实用新型和外观设计专属权的有效期

1. 发明、实用新型和外观设计专属权和证明此项权利的专利证书的有效期，在遵守本法典规定要求的条件下，自向联邦知识产权行政管理机关提出最初的专利申请之日起计算，分别为：

发明——20 年；

实用新型——10 年；

外观设计——15 年。

专利证书所证明的专属权的保护，只有在发明、实用新型和外观设计进行国家注册并颁发专利证书之后才能受到保护（第 1393 条）。

2. 涉及需要按法定程序取得许可证方能应用的药品、杀虫剂或农用化学制剂的发明，如果自提出专利申请之日直至取得应用的初次许可已经过去5年，则相应发明专属权和证明此项权利的专利证书的有效期可以根据专利持有人的申请由联邦知识产权行政管理机关予以延长。上述有效期延长的时间为自提出专利申请书之日直至取得应用发明的许可之日的时间，但要扣除5年。在这种情况下，发明专利证书的有效期延长的时间不得超过5年。

权利持有人提出延长专利证书有效期的申请应在专利证书有效期内，而在取得发明应用许可之日或颁发专利证书之日起的6个月期限届满之前，以其中日期在后的为准。

3. 实用新型专属权和证明此项权利的专利证书的有效期根据专利持有人的申请由联邦知识产权行政管理机关延长，但延长的时间不得超过3年，而外观设计的专属权和证明此项权利的专利证书的有效期可以延长申请书要求的时间，但不得超过10年。

4. 延长发明、实用新型和外观设计专利证书有效期的程序，由在知识产权领域进行规范性法律调整的联邦行政机关规定。

5. 发明、实用新型和外观设计专属权和证明此项权利的专利证书的效力，根据本法典第1398条和第1399条规定的理由和程序认定为无效或提前终止。

**第1364条** 发明、实用新型和外观设计转变为社会财富

1. 专属权有效期届满后，发明、实用新型和外观设计即成为社会财富。

2. 对已经成为社会财富的发明、实用新型和外观设计，任何人均可以自由利用，无须任何人的同意或许可，也无须给付使用报酬。

## 第三节 发明、实用新型和外观设计专属权的处分

**第1365条** 发明、实用新型和外观设计专属权转让合同

根据发明、实用新型和外观设计专属权转让合同（专利转让合同），一方（专利持有人）向另一方即专属权取得人（专利取得人）全部转让或承担义务全部转让属于他的相应智力活动成果的专属权。

**第 1366 条** 签订发明专利转让合同的公开要约

1. 作为发明人的申请人，在提出发明的专利申请时，可以在申请文件上附具一份声明，说明在颁发专利证书时他承担义务按照实践中形成的条件同任何第一个表示希望取得发明利用权并将此情况通知专利持有人和联邦知识产权行政管理机关的俄罗斯联邦公民或俄罗斯联邦法人签订转让专利的合同。在作出上述声明时，对提出专利申请和颁发专利证书均不向申请人收取本法典规定的专利费。

联邦知识产权行政管理机关在官方通报上公布有关声明的信息材料。

2. 根据本条第 1 款中专利持有人的声明同专利持有人签订了发明专利转让合同的人，必须缴纳专利持有人被免交的全部专利费。以后的专利费按规定程序缴纳。

专利转让合同在联邦知识产权行政管理机关进行注册时，应该附具证明已经缴纳申请人（专利持有人）被免交的全部专利费的凭证。

3. 如果专利申请附有本条第 1 款所指的声明，而在公布颁发发明专利证书信息材料之日起的 2 年内，联邦知识产权行政管理机关没有收到希望签订专利转让合同的书面通知，则专利持有人可以向上述联邦机关提出撤回声明的请求。在这种情况下，应该缴纳原先申请人（专利持有人）被免交的本法典规定的专利费。以后的专利费按规定程序缴纳。

联邦知识产权行政管理机关应在官方公报中公布撤回本条第 1 款声明的信息材料。

**第 1367 条** 发明、实用新型或外观设计利用权许可合同

根据许可合同，一方，即专利持有人（许可人）向另一方（被许可人）转让或承担义务转让在合同规定的范围内利用专利证书所证明的发明、实用新型或外观设计的利用权。

**第 1368 条** 发明、实用新型或外观设计的开放许可

1. 专利持有人可以向联邦知识产权行政管理机关提出申请，可以向任何人提供发明、实用新型或外观设计的利用权（开放许可）。

在这种情况下，发明、实用新型或外观设计专利的年费自联邦知识产权行政管理机关公布开放许可的信息材料的下一年开始减半。

专利持有人应将向任何人提供利用权的发明、实用新型或外观设计的许可条件报告联邦知识产权行政管理机关，该机关应公布关于开放许可的相关信息材料，费用由专利持有人负担。专利持有人必须同表示愿意利用发明、实用新型或外观设计的人按照普通（非排他）许可条件签订许可合同。

2. 如果专利持有人在公布开放许可之日起的 2 年内没有收到按照他申请书的条件签订许可合同的书面要约，则在 2 年期满后他可以向联邦知识产权行政管理机关提出撤回开放许可的申请。在这种情况下，专利持有人应补齐公布开放许可之日起的维护专利效力的费用，以后应全额缴纳。上述联邦机关应在官方公报公布关于撤回开放许可的信息材料。

**第 1369 条** 发明、实用新型或外观设计专属权处分合同的形式和国家登记

专利转让合同、许可合同以及其他处分发明、实用新型或外观设计专属权的合同，应以书面形式签订并应在联邦知识产权行政管理机关进行国家登记。

## 第四节　因履行职务或完成合同工作而完成的发明、实用新型、外观设计

**第 1370 条**　职务发明、职务实用新型和职务外观设计

1. 工作人员因履行劳动职责或雇主布置的具体任务而完成的发明、实用新型或外观设计，分别是职务发明、职务实用新型和职务外观设计。

2. 职务发明、职务实用新型和职务外观设计的作者身份权属于工作人员（作者）。

3. 职务发明、职务实用新型或职务外观设计的专属权和取得专利证书的权利属于雇主，但劳动合同或工作人员与雇主之间的其他合同有不同规定的除外。

4. 如果工作人员与雇主之间的合同中没有不同约定（本条第 3 款），则工作人员应把由于执行劳动职责或雇主布置的具体工作任务而完成的可以得到法律保护的成果的事项书面通知雇主。

如果雇主在工作人员通知之日起的 4 个月内没有对相关职务发明、职务实用新型或职务外观设计向联邦知识产权行政管理机关提出专利申请，也不向他人转让取得职务发明、职务实用新型或职务外观设计专利的权利或者通知工作人员对有关智力活动成果的信息保密，则取得发明、实用新型或外观设计专利的权利属于工作人员。在这种情况下，雇主在专利证书的有效期内享有在自己的生产中按普通（非排他）许可条件利用职务发明、职务实用新型或职务外观设计的权利，同时向专利持有人给付补偿金，补偿金的数额、给付的条件和程序由工作人员与雇主的合同规定，如有争议，则由法院确定。

如果雇主取得职务发明、职务实用新型或职务外观设计的专利，或者作出决定对有关发明、实用新型或外观设计的信息进行

保密并将此决定通知工作人员，或者将专利申请权予以转让，或者虽提出专利申请但由于意志以外的原因没有取得专利，则工作人员有权取得报酬。报酬的数额、给付的条件和程序由工作人员与雇主的合同规定，如有争议，则由法院确定。

俄罗斯联邦政府有权规定职务发明、职务实用新型或职务外观设计的最低报酬标准。

5. 工作人员使用雇主的资金、机械设备或其他物质手段完成的但与劳动职责或雇主布置的具体任务无关的发明、实用新型或外观设计，不是职务发明、职务实用新型或职务外观设计。取得专利的权利和这种发明、实用新型或外观设计专利的专属权属于工作人员。在这种情况下，雇主有权根据自己选择要求在专属权整个有效期内向他提供利用智力活动成果的普通（非排他）许可用于其需要，或者要求赔偿因完成这种发明、实用新型或外观设计而花费的开支。

**第 1371 条** 履行合同工作而完成的发明、实用新型或外观设计

1. 如果发明、实用新型或外观设计是在履行承揽合同或科学研究、试验设计或技术工作合同时完成的，合同又未规定发明、实用新型或外观设计的完成，则取得发明、实用新型或外观设计专利的权利属于承揽人（执行人），但承揽人与定作人之间的合同有不同规定的除外。

在这种情况下，如果合同没有不同规定，定作人有权在整个专利有效期内按照普通（非排他）许可的条件将发明、实用新型或外观设计用于签订相关合同的目的，而不再为利用给付额外的报酬。在承揽人（执行人）将取得专利的权利转让他人或将自己的专利转让他人时，定作人仍然有权按照上述条件利用发明、实用新型或外观设计。

2. 如果依照承揽人（执行人）与定作人的合同取得发明、

实用新型或外观设计专利的权利或者发明、实用新型或外观设计的专属权属于定作人或他所指定的第三人，则承揽人（执行人）有权在整个专利有效期内将完成的发明、实用新型或外观设计按照无偿普通（非排他）许可用于自己的需要，但合同有不同规定的除外。

3. 本条第1款所列发明、实用新型或外观设计的作者，如果不是专利持有人，则应该依照本法典第1370条第4款取得报酬。

**第1372条** 根据定作完成的外观设计

1. 如果合同标的为创作外观设计，则根据合同完成的外观设计的专属权和取得专利的权利属于定作人，但承揽人（执行人）与定作人之间的合同有不同规定的除外。

2. 依照本条第1款外观设计的专属权和取得专利的权利属于定作人的，如果合同没有不同规定，则承揽人（执行人）有权在专利整个有效期内按照无偿普通（非排他）许可的条件将外观设计用于自己的需要。

3. 如果依照承揽人与定作人之间的合同取得外观设计专利的权利和专属权属于承揽人（执行人）的，则定作人有权在专利整个有效期内按照无偿普通（非排他）许可的条件将外观设计用于自己的需要。

4. 根据定作完成的外观设计的作者，如果不是专利持有人，应依照本法典第1370条第4款取得报酬。

**第1373条** 在履行国家或自治地方工程合同时完成的发明、实用新型或外观设计

1. 对于在履行国家或自治地方工程合同时为了国家或自治地方的需要而完成的发明、实用新型或外观设计，取得专利的权利和专属权属于执行国家或自治地方合同的组织（执行人），只要国家或自治地方合同没有规定此项权利属于国家或自治地方定

作人所代表的俄罗斯联邦、俄罗斯联邦主体或地方自治组织，或者属于执行人与俄罗斯联邦主体以及执行人与地方自治组织共同所有。

2. 如果根据国家或自治地方合同发明、实用新型或外观设计的专属权和取得专利的权利属于俄罗斯联邦、俄罗斯联邦主体或地方自治组织，则国家或自治地方定作人可以在执行人书面通知取得能够受到法律保护的发明、实用新型或外观设计等智力活动成果之日起的 6 个月内提出专利申请。如果在上述期限内国家或自治地方定作人不提出申请，则取得专利的权利属于执行人。

3. 如果发明、实用新型或外观设计的专属权和取得专利的权利根据国家或自治地方合同属于俄罗斯联邦、俄罗斯联邦主体或地方自治组织，则执行人必须同自己的工作人员和第三人签订相应的协议而取得所有的权利或保证取得所有的权利，以便将权利移转给俄罗斯联邦、俄罗斯联邦主体和地方自治组织。在这种情况下，执行人有权要求赔偿因向第三人取得相关权利而发生的开支。

4. 如果为国家或自治地方需要在履行国家或自治地方工程合同时完成的发明、实用新型或外观设计的专利权依照本条第 1 款不属于俄罗斯联邦、俄罗斯联邦主体或地方自治组织，则专利持有人必须根据国家或自治地方定作人的请求为国家或自治地方的需要而向定作人指定的人提供发明、实用新型或外观设计使用权的无偿普通（非排他）许可。

5. 如果履行国家或自治地方工程合同时为了国家或自治地方的需要而完成的发明、实用新型或外观设计的专利权以执行人和俄罗斯联邦、执行人与俄罗斯联邦主体或执行人与自治地方共同的名义取得，则国家或自治地方定作人在通知执行人后，有权为了国家和自治地方的需要完成工作或者实现产品供货而提供利用此种发明、实用新型或外观设计的普通（非排他）许可。

6. 如果依照本条第 1 款以自己的名义取得发明、实用新型或外观设计的专利并决定提前终止专利证书的效力，则执行人必须将此情况通知国家或自治地方定作人并根据定作人的要求将专利证书无偿转让给俄罗斯联邦、俄罗斯联邦主体或地方自治组织。

如果决定提前终止依照本条第 1 款以俄罗斯联邦、俄罗斯联邦主体或地方自治组织的名义取得的专利证书的效力，则国家或自治地方定作人必须将此情况通知执行人并根据执行人的请求无偿向他转让专利证书。

7. 本条第 1 款所列发明、实用新型或外观设计的作者，不是权利持有人的，可以依照本法典第 1370 条第 4 款取得报酬。

## 第五节　专利的取得

### 第一小节　专利申请、申请的变更和撤回

**第 1374 条**　发明、实用新型或外观设计专利申请的提出

1. 发明、实用新型或外观设计专利申请应由依照本法典的规定享有专利申请权的人（申请人）向联邦知识产权行政管理机关提出。

2. 发明、实用新型或外观设计的专利申请书应该用俄文提交。申请的其他文件用俄语或其他语言提交。申请文件用其他文件提交，申请书应附具文件的俄语译文。

3. 发明、实用新型或外观设计的专利申请由申请人签字，在专利申请通过专利代理人或其他代理人提交时，应由申请人或提交申请书的代理人签字。

4. 对发明、实用新型或外观设计专利申请书的要求由在知识产权领域从事规范性法律调整的联邦行政机关根据本法典规定。

5. 发明、实用新型或外观设计专利申请书应附具证明已经

按规定数额缴纳专利费的凭证，或者附具证明免交、减交或缓交专利费理由的文件。

**第 1375 条** 发明专利申请书

1. 要求颁发发明专利证书的申请（发明专利申请）应该涉及一项发明或几项相互联系并构成统一发明创意的一组发明（发明统一性要求）。

2. 申请书应该包含以下内容：

（1）申请颁发发明专利证书，并指明发明人和所要求的专利证书持有人，以及他们每个人的住所地或所在地；

（2）对发明的描述，描述应完整到足以实现发明；

（3）发明公式，公式应表达发明的实质并完全依据对发明的描述；

（4）为理解发明实质所必需的图纸或其他材料；

（5）简介。

3. 联邦知识产权行政管理机关收到包括发明专利申请、对发明的描述和图纸（如果发明描述中存在对图纸的援引）的申请书之日视为提出专利申请之日，而如果上述文件并非同时提交，则最后文件收到之日视为提出发明专利申请之日。

**第 1376 条** 实用新型的专利申请

1. 要求颁发实用新型专利证书的申请（实用新型专利申请）应该涉及一项实用新型或几项相互联系并构成统一创意的一组实用新型（实用新型统一性要求）。

2. 实用新型专利申请书应该包括以下内容：

（1）申请颁发实用新型专利证书，并指明实用新型完成人和要求的专利证书持有人，以及他们每个人的住所地或所在地；

（2）对实用新型的描述，描述应完整到足以实现实用新型；

（3）实用新型公式，公式应表达实用新型的实质并完全依据对实用新型的描述；

（4）图纸，如果图纸为理解实用新型实质之必需；

（5）简介。

3. 联邦知识产权行政管理机关收到包括实用新型专利申请、对实用新型的描述和图纸（如果实用新型描述中存在对图纸的援引）的申请书之日视为提出专利申请之日。而如果上述文件并非同时提交，则最后文件收到之日视为提出实用新型专利申请之日。

**第 1377 条** 外观设计的专利申请

1. 要求颁发外观设计专利证书的申请（外观设计专利申请）应该涉及一项外观设计或几项相互联系并构成统一创意的一组外观设计（外观设计统一性要求）。

2. 外观设计专利申请书应该包括以下内容：

（1）申请颁发外观设计专利证书，并指明外观设计完成人和要求的专利证书持有人，以及他们每个人的住所地或所在地；

（2）产品全套图像，图像应能提供产品外观的完整的细部概念；

（3）产品全貌图纸，以及为揭示外观设计实质之必需的人类工程学图表，成型图；

（4）对外观设计的描述；

（5）外观设计本质要件清单。

3. 联邦知识产权行政管理机关收到包括外观设计专利申请、产品全套图像、对外观设计的描述和外观设计本质要要件清单的申请书之日视为提出专利申请之日。而如果上述文件并非同时提交，则最后文件收到之日视为提出外观设计专利申请之日。

**第 1378 条** 对发明、实用新型或外观设计专利申请文件的修改

1. 在有关机关对发明、实用新型或外观设计的专利申请作出颁发或拒绝颁发专利证书的决定之前，申请人均有权对专利申

请书进行修改和说明以及提交补充材料，但这些修改和说明不得改变申请专利的发明、实用新型或外观设计的实质。

补充材料如果含有应该写入发明公式或实用新型公式的要件，而这些要件截至优先权之日均未在作为优先权根据的文件中揭示，而在专利申请书包含发明公式或实用新型公式时，截至优先权之日也未在发明公式或实用新型公式中揭示，则补充材料视为变更申请专利的发明或实用新型的实质。

补充材料如果含有应列入外观设计实质要件清单而且截至提交外观设计专利申请书之日也不存在，则补充材料视为变更申请专利的外观设计的实质。

2. 在发明、实用新型或外观设计注册之前，均可以对专利申请文件进行如下变更：变更关于申请人的信息材料，包括将取得专利的权利转让给他人或者变更申请人的姓名或名称，以及更正明显的和技术性错误。

3. 如果修改专利申请文件是申请人在提交申请书之日起的 2 个月内主动提出的，则对修改不再加收专利费。

4. 申请人对专利申请文件的修改，如果修改已经在提交专利申请书之日起的 12 个月内提交给联邦知识产权行政管理机关，则在公布关于专利申请的信息材料时应该予以考虑。

**第 1379 条**　发明或实用新型申请书的变更

1. 直至公布关于发明申请的信息材料（第 1385 条），在颁发专利证书的决定作出之前，申请人有权向联邦知识产权行政管理机关提出申请，将发明专利申请变更为实用新型专利申请，但如果专利申请书附具本法典第 1366 条第 1 款规定的关于签订专利转让合同的公开要约的情况除外。

2. 在颁发专利证书的决定作出之前，允许将实用新型专利申请变更为发明专利申请，而在作出驳回专利申请的情况下，则允许在本法典规定的对该决定提出异议的可能性全部消失之前将实用新型专利申请变更为发明专利申请。

3. 在依照本条第1款或第2款变更了发明或实用新型的专利申请的情况下，发明或实用新型的优先权和专利申请日期仍然有效。

**第1380条** 发明、实用新型或外观设计专利申请的撤回

在发明、实用新型或外观设计记入相应注册簿之前，申请人有权撤回发明、实用新型或外观设计的专利申请。

第二小节 发明、实用新型和外观设计的优先权

**第1381条** 发明、实用新型或外观设计优先权的确定

1. 发明、实用新型或外观设计的优先权按照向联邦知识产权行政管理机关递交发明、实用新型或外观设计专利申请书的日期确定。

2. 如果申请人收到联邦知识产权行政管理机关关于因补充材料改变了所申请项目的实质而不能作出接受补充材料的通知之日起的3个月期限届满以后，申请人补充材料作为独立申请提交，则申报发明、实用新型或外观设计的优先权可以按照收到补充材料的日期确定，条件是截至提交独立申请之日，包含补充材料的申请未被撤回或未视为被撤回。

3. 发明、实用新型或外观设计的优先权可以按照同一申请人原先向联邦知识产权行政管理机关提出这些发明、实用新型和外观设计的申请书的日期确定，条件是截至申请提出之日原先提交的申请未被撤回或未视为被撤回，而要求确定优先权的申请书于原先的发明专利申请书提交之日起的12个月内提交或者原先的实用新型或外观设计专利申请书提交之日起的6个月内提交。

在提交要求确定优先权的申请书时，原先的申请书视为被撤回。

优先权不得按照提交要求确定更早优先权的申请书的日期确定。

4. 在提交分立申请时，发明、实用新型或外观设计的优先权按照同一申请人向联邦知识产权行政管理机关提交揭示发明、实用新型或外观设计的原始申请书的日期确定，而如果有权根据原始申请确定更早的优先权，则按照该优先权的日期确定，条件是截至分立申请提交之日，原始的发明、实用新型或外观设计专利申请未被撤回或未视为被撤回，而分立申请是在本法典规定的对驳回原始专利申请的决定提出异议的可能性全部消失之前，或者在对原始申请已经作出颁发专利申请书的情况下在发明、实用新型或外观设计注册日期之前提交的。

5. 发明、实用新型或外观设计的优先权可以根据原先提交的几个申请或补充材料确定，但必须遵守本条第 2 款、第 3 款和第 4 款以及本法典第 1382 条分别规定的条件。

**第 1382 条** 发明、实用新型或外观设计的公约优先权

1. 发明、实用新型或外观设计的优先权可以按照在《巴黎知识产权公约》缔约国之一第一次提交申请发明、实用新型或外观设计专利申请的日期确定（公约优先权），其条件是向联邦知识产权行政管理机关提出发明或实用新型专利申请在上述日期后的 12 个月内，而提出外观设计申请的，应是上述日期后的 6 个月内。如果由于申请人意志以外的情况不能在上述期限内提交申请，则该期限可以由联邦知识产权行政管理机关延长，但延长的时间不得超过 2 个月。

2. 申请人如希望对实用新型或外观设计专利申请享有公约优先权，应在提出专利申请之日起的 2 个月内将此情况通知联邦知识产权行政管理机关，并在向联邦机关提出公约优先权申请之日起的 3 个月内向上述联邦机关提交经过认证的本条第 1 款所列之第一个申请书的复印件。

3. 申请人如希望对发明专利申请享有公约优先权，应该在向《巴黎知识产权保护公约》缔约国专利主管机关提交的第一次

申请之日起的16个月内将此情况通知联邦知识产权行政管理机关并向该机关提交经过认证的第一个申请书的复印件。

如果不在规定期限内提交经过认证的申请书的复印件，但在该期限届满之前向联邦知识产权行政管理机关提出申请的，该联邦机关仍然可以根据申请人的请求确定其优先权，其条件是自第一次申请书提交之日起的14个月内向专利主管机关要求取得第一次申请的复印件并在申请人取得该复印件之日起的2个月内提交给联邦知识产权行政管理机关。

只有当发明优先权申请是否真实存在的审查与发明的专利能力有关时，联邦知识产权行政管理机关才有权要求申请人提交第一个专利申请书的俄文翻译文本。

**第1383条** 发明、实用新型或外观设计优先权日期重合的后果

1. 如果在鉴定过程中确认不同专利申请人提交了相同发明、实用新型或外观设计的专利申请，而这些申请有相同的优先权日期，则发明、实用新型或外观设计的专利证书只能根据其中一个申请发给一个人，该人由申请人之间的协议确定。

自收到联邦知识产权行政管理机关相关通知之日起的12个月内，申请人应该向该联邦机关报告他们之间达成的协议。

在根据一项申请颁发专利证书时，该申请中所列所有作者，均被认为是相同发明、实用新型或外观设计的合作者。

如果同一申请人对具有相同优先权日期的相同发明、实用新型或外观设计提交了专利申请，则专利证书根据申请人所选择的一个申请颁发。申请人应按照本款第2项规定的程序或期限报告自己的选择。

如果在规定期限内联邦知识产权行政管理机关没有收到申请人的上述报告或依照本法典第1386条延长规定期限的申请，则申请书被视为已经撤回。

2. 如果同一申请人要求颁发专利证书的发明和与之相同的实用新型的优先权日期重合，而根据其中一项申请已经颁发了专利证书，则只有在相同发明或相同实用新型专利持有人向联邦知识产权行政管理机关申请终止该专利证书的效力时才能根据另一申请颁发专利证书。在这种情况下，原先颁发的专利证书的效力自依照本法典第 1394 条公布另一专利申请颁发专利证书的信息材料之日起终止。关于颁发发明或实用新型的专利证书的信息材料和关于终止原先颁发的专利证书效力的信息材料应同时公布。

### 第三小节　专利申请的鉴定发明、实用新型或外观设计的临时法律保护

**第 1384 条**　发明专利申请书的形式鉴定

1. 对联邦知识产权行政管理机关收到的发明申请应进行形式鉴定，在鉴定过程中审查是否具备本法典第 1375 条第 2 款规定的文件以及这些文件是否符合要求。

2. 如果申请人对发明专利申请书提交了补充材料，应依照第 1378 条第 1 款审查补充材料是否变更了发明的实质。

对补充材料中变更发明实质的部分，在审查专利申请时应予以注意，但不得由申请人作为独立申请提出。联邦知识产权行政管理机关应将此事通知申请人。

3. 关于形式鉴定的肯定结果和提交发明专利申请的日期，联邦知识产权行政管理机关应在结束形式鉴定后立即通知申请人。

4. 如果发明专利申请不符合对申请书文件的规定要求，联邦知识产权行政管理机关应向申请人发出函询，建议在他收到函询之日起的 2 个月内提交经过修改或补充的文件。如果申请人在规定期限内未提交函询涉及的文件或者未申请延长该期限，则专利申请书视为被撤回。该期限可由联邦行政机关延长，但延长的时间不得超过 10 个月。

5. 如果发明专利申请的提出违反了发明统一性原则（第1375条第1款），联邦知识产权行政管理机关应建议申请人在他收到有关通知之日起的2个月内报告应该审查的是提出申请的哪一个发明，并在必要时对专利申请文件进行修改。对该申请书中提出的其他发明可以分开申请的方式提出专利申请。如果申请人在规定期限内不报告必须审查提出申请的哪一个发明，在必要时也不提交相应的文件，则审查发明公式中列为第一项的发明。

**第1385条** 发明专利申请信息材料的公布

1. 联邦知识产权行政管理机关在收到发明专利申请之日起的18个月内，在进行了发明专利申请的形式鉴定并得出肯定结论后，应在官方通报上公布关于专利申请的信息材料。应公布的信息材料的构成，由在知识产权领域进行规范性法律调整的联邦行政机关确定。

发明人有权拒绝在公布的关于发明专利申请的信息材料中被提及。

申请人如在提交发明专利申请之日起的12个月内提出请求，则联邦知识产权行政管理机关可根据申请人的该请求在发明专利申请提出之日起的18个月内公布关于发明专利申请的信息材料。

如果在发明专利申请提出之日起的12个月内申请被撤回或视为被撤回，或者已经根据该申请进行了发明注册，则信息材料不予公布。

2. 在关于发明专利申请的信息材料公布后，如果截至信息材料公布之日申请未撤回或未被视为已经撤回，则任何人均有权了解申请书的文件。了解申请书文件的程序和发给这些文件复印件的办法由在知识产权领域进行规范性法律调整的联邦行政机关规定。

3. 在公布关于发明专利申请信息材料而在截至公布之日申请被撤回或者被视为已经撤回，则该信息材料对于同一申请人公布发明专利申请信息材料之日起的 12 个月期限届满之前又向联邦知识产权行政管理机关提交的发明专利申请而言，不得列入现有技术水平。

**第 1386 条** 发明专利申请的实质鉴定

1. 申请人或第三人可以在提交发明的专利申请时或者在提交专利申请之日起的 3 年内向联邦知识产权行政管理机关提出请求，而在对发明专利申请完成了形式鉴定的条件下，根据该请求可以对发明专利申请进行实质鉴定。联邦知识产权行政管理机关收到第三人的请求时，应将有关情况通知申请人。

提出进行发明专利实质鉴定的请求的期限可以由联邦知识产权行政管理机关根据在该期限届满前提出的申请予以延长，但延长的时间不得超过 2 个月，而且必须同时提交证明已经缴纳专利费的凭证。

如果未在规定期限内提交要求延长发明专利申请实质鉴定期限的申请，则发明专利申请视为已经撤回。

2. 发明专利申请的实质鉴定包括：

对申请专利的发明进行信息检索，以便确定现有技术水平，与现有技术水平进行比较评价发明的新颖性和发明水平。

审查申请专利的发明是否符合本法典第 1350 条规定的专利能力条件。

对涉及本法典第 1349 条第 4 款和第 1350 条第 5 款和第 6 款所列客体的发明专利申请不进行信息检索，联邦知识产权行政管理机关应将此情况在开始进行发明专利申请实质鉴定的 6 个月内通知申请人。

进行信息检索的程序和提交检索报告的程序由在知识产权领域进行规范性法律调整的联邦行政机关确定。

3. 自开始进行发明专利实质鉴定之日起的 6 个月内，联邦知识产权行政管理机关应将信息检索报告送交申请人，如果该专利申请未要求比提交申请更早的优先权以及进行发明专利申请实质鉴定的请求在提交专利申请之时提出。

如果发现必须向其他机构查询信息来源，或者申请专利的发明表述得无法按规定程序进行信息检索，则联邦知识产权行政管理机构可以延长向申请人送交信息检索报告的期限。关于延长向申请人送交信息检索报告的期限和延长的原因，联邦机关应通知申请人。

4. 申请人和第三人有权要求对已经通过形式鉴定的发明申请进行信息检索，以便确定可以用来评估发明新颖性和发明水平的现有技术水平。进行这种信息检索以及提交检索结果信息材料的程序和条件由在知识产权领域进行规范性法律调整的联邦行政机关确定。

5. 在对发明专利申请进行实质鉴定的过程中，联邦知识产权行政管理机关可以要求申请人提交进行鉴定不可缺少的补充材料（包括经过修改的发明公式）。在这种情况下，不改变发明实质的补充材料应该在申请人收到函询之日起的 2 个月内提交，如果申请人在收到联邦机关上述函询之日起的 1 个月内要求联邦机关提供对抗发明申请的材料复印件，则补充材料可以在收到对抗发明申请之日起的 2 个月内提交。如果申请人在规定期限内不提交所要求的材料，也不提出延长期限的请求，则发明申请视为已经被撤回。申请人提交有关材料的期限可以由联邦机关延长，但延长的时间不得超过 10 个月。

**第 1387 条** 关于颁发专利证书或拒绝颁发专利证书的决定

1. 如果通过对发明专利申请的实质鉴定确认，申请人提出的用公式表述的发明符合本法典第 1350 条规定的专利能力条件，则联邦知识产权行政管理机关应作出颁发具有该公式的发明专利证书的决定。决定中应指出发明优先权日期。

如果在发明专利申请实质鉴定过程中确认，申请人提出的用公式表述的发明不符合本法典第1350条规定的专利能力条件，则联邦知识产权行政管理机关应作出拒绝颁发专利证书的决定。

在作出关于颁发专利证书或拒绝颁发专利证书的决定之前，联邦知识产权行政管理机关应向申请人送交发明专利能力审查结果的通知，并建议申请人对通知中的理由提交自己的意见。如果申请人在收到通知之日起的6个月内提交了自己的意见，则在作出决定时应该考虑申请人的意见。

2. 依照本章的规定，根据联邦知识产权行政管理机关的决定，发明专利申请视为已经撤回，但由申请人撤回的情形除外。

3. 对联邦知识产权行政管理机关拒绝颁发发明专利证书的决定和关于认定发明专利申请已经被撤回的决定，申请人可以在收到上述联邦机关对抗发明申请的材料复印件和拒绝颁发发明专利的决定之日起的6个月内向专利争议局提出异议，其条件是申请人在收到关于拒绝颁发发明专利证书的决定之日起的2个月内要求取得这些材料的复印件。

**第1388条** 申请人了解专利材料的权利

申请人有权了解函询、报告、决定、通知或从联邦知识产权行政管理机关收到的其他材料中援引的涉及发明专利申请的材料。申请向上述联邦机关要求的材料的复印件应在提出要求之日起的2个月内送交申请人。

**第1389条** 恢复迟误的进行发明专利申请鉴定的期限

1. 申请人如果迟误了根据联邦知识产权行政管理机关函询或补充材料的基本期限或延长期（第1384条第4款和第1386条第5款）、提出进行发明专利申请实质鉴定的期限（第1386条第1款）和向专利争议局提出异议的期限（第1387条第3款），如果申请人提交证据说明有正当原因致使他未遵守有关期限并提交证明已经缴纳专利费的凭证，则上述期限可以由联邦知识产权行政管理机关恢复。

2. 要求恢复期限的请求可以由申请人在规定期限届满之日起的12个月内提出。应与申请书一起向联邦知识产权行政管理机关提交：

恢复期限必需的文件或补充材料，或者关于缓交这些文件或材料的申请；或者要求进行发明专利申请实质鉴定的申请；或者向专利争议局提出的异议。

**第1390条** 实用新型专利申请的鉴定

1. 对联邦知识产权行政管理机关收到的实用新型专利申请应进行鉴定，在鉴定过程中审查是否具备本法典第1376条第2款规定的文件、这些文件是否符合规定要求和遵守实用新型统一性原则（第1376条第1款），以及确定申请专利的实用新型是否与作为实用新型受到保护的技术决策有关。

申请专利的实用新型是否符合本法典第1351条第1款规定的专利能力条件，在鉴定过程中不予审查。

对实用新型专利申请进行审查，分别适用本法典第1384条第2款、第4款和第5款、第1387条第2款和第3款、第1388条和第1389条的规定。

2. 申请人和第三人有权提出对申请专利的实用新型进行信息检索的请求，以便确定与之对比从而评价实用新型专利能力的现有技术水平。进行信息检索以及提交信息检索结果信息材料的程序和条件，由在知识产权领域进行规范性法律调整的联邦行政机关规定。

3. 如果申请人提交的实用新型公式中含有截至提出专利申请之日在实用新型描述中所没有的要件和实用新型公式所没有的要件（如果实用新型专利申请截至提交之日包含这样的公式），则联邦知识产权行政管理机关应向申请人发出函询并建议申请人将上述要件从公式里排除。

4. 如果通过对实用新型专利申请的鉴定确认，专利申请是对作为实用新型受到法律保护的技术决策提出的，而申请书文件符合规定的要求，则联邦知识产权行政管理机关应作出颁发实用新型专利证书的决定并指出提交实用新型专利证书的日期和优先权日期。

如果通过鉴定确认，专利申请是对不作为实用新型受到法律保护的技术决策提出的，则联邦知识产权行政管理机关应作出拒绝颁发专利证书的决定。

5. 如果联邦知识产权行政管理机关在审查实用新型专利申请时确认，申请书中所包含的信息材料构成国家机密，则申请书文件应该依照国家机密法规定的程序加密。在这种情况下，应通知申请人可以撤回实用新型专利申请或者将申请改为机密发明。对这种专利申请的审查中止，直至收到申请人的相关申请或直至申请脱密。

**第 1391 条** 外观设计专利申请的鉴定

1. 对联邦知识产权行政管理机关收到的外观设计专利申请应进行形式鉴定，在鉴定过程中审查是否具备本法典第 1377 条第 2 款规定的文件以及这些文件是否符合规定要求。

如果形式鉴定的结果是肯定的，则对外观设计专利申请进行实质鉴定，实质鉴定包括审查申请专利的外观设计是否符合本法典第 1352 条规定的专利能力条件。

2. 对外观设计专利申请的形式审查和实质审查，分别适用本法典第 1384 条第 2 款至第 5 款、第 1386 条第 5 款、第 1387 条第 3 款、第 1388 条和第 1389 条的规定。

**第 1392 条** 发明的临时法律保护

1. 对已经向联邦知识产权行政管理机关提交了专利申请的发明，自公布申请信息材料（第 1385 条第 1 款）之日至公布颁发专利证书（第 1394 条）期间，按照已经公布的发明公式的范围提供临时法律保护，但不得超过上述联邦行政机关关于颁发发明专利证书的决定中公式的范围。

2. 如果发明专利申请被撤回或视为被撤回，或者对发明专利申请作出了拒绝颁发专利证书的决定以及本法典规定的对该决定提出异议的可能性完全消失，则临时法律保护视为没有发生。

3. 在本条第1款规定期间利用已经申请专利的发明的人，应该在专利持有人取得专利证书后向专利持有人给付金钱补偿。补偿的数额由双方协商，达不成协议的，由法院决定。

### 第四小节　发明、实用新型或外观设计的注册与专利证书的颁发

**第1393条**　发明、实用新型或外观设计的国家注册程序与专利证书的颁发

1. 根据颁发发明、实用新型或外观设计专利证书的决定，联邦知识产权行政管理机关将发明、实用新型或外观设计列入相应的国家登记簿——《俄罗斯联邦发明国家登记簿》、《俄罗斯联邦实用新型国家登记簿》和《俄罗斯联邦外观设计国家登记簿》，并颁发发明、实用新型或外观设计的专利证书。

以数人名义申请颁发专利证书的，仅向他们发一份专利证书。

2. 发明、实用新型或外观设计进行国家注册和颁发专利证书应缴纳相应的专利费。如果申请人未按规定程序提交证明已经缴纳专利费的凭证，则不进行发明、实用新型或外观设计的注册和不颁发专利证书，而相应的专利申请视为被撤回。

3. 发明、实用新型或外观设计专利证书的格式和专利证书内容由在知识产权领域进行规范性法律调整的联邦行政机关规定。

4. 联邦知识产权行政管理机关应将对错误和技术性错误的修改写入颁发的发明、实用新型或外观设计专利证书和（或）相应的国家登记簿。

5. 联邦知识产权行政管理机关应在官方通报上公布关于对国家登记簿记载项目的任何修改事项。

**第 1394 条** 关于颁发发明、实用新型或外观设计专利证书的信息材料的公布

1. 联邦知识产权行政管理机关在官方通报上公布关于颁发发明、实用新型或外观设计专利证书的信息材料，材料内容包括作者的姓名（如果作者不拒绝公开自己的姓名）、专利持有人的姓名或名称以及发明、实用新型的名称和公式或外观设计实质要件清单及其图像。

公布的信息材料内容由在知识产权领域进行规范性法律调整的联邦行政机关规定。

2. 在依照本条规定公布了关于颁发发明、实用新型或外观设计的信息材料之后，任何人均有权了解专利申请文件的信息检索报告。

了解专利申请文件和信息检索报告的程序由在知识产权领域进行规范性法律调整的联邦行政机关规定。

**第 1395 条** 发明和实用新型在外国和国际组织申请专利

1. 在俄罗斯联邦完成的发明或实用新型可以在向联邦知识产权行政管理机关提交专利申请后的 6 个月期限届满后向外国或国际组织申请专利，如果在上述期限内申请人没有被告知专利申请书包含构成国家机密的信息材料。发明或实用新型专利申请可以早于上述期限提出，但必须在根据申请人的请求审查专利申请是否包含构成国家机密的信息材料之后。进行这种审查的程序由俄罗斯联邦政府规定。

2. 依照《专利合作条约》或《欧亚专利公约》，允许在俄罗斯联邦完成的发明或实用新型申请专利，而不必事先向联邦知识产权行政管理机关提交相关申请，只要依照《专利合作条约》向作为受理局的俄罗斯联邦知识产权行政管理机

关提出而申请书将俄罗斯联邦作为申请人意欲取得专利权的指定国家（国际申请），而欧亚申请则通过联邦知识产权行政管理机关提交。

**第 1396 条** 具有本法典中申请效力的国际申请和欧亚申请

1. 国际申请如将俄罗斯联邦作为申请人意欲取得发明或实用新型专利权的指定国家，则联邦知识产权行政管理机关在国际申请所需优先权日起的 31 个月期限届满后开始依照《专利合作条约》审查的发明或实用新型专利的国际申请。如果申请是用俄语提交的，或者申请人在上述期限届满之前将其他语言的国际申请中发明或实用新型专利申请书的俄语译文提交联邦知识产权行政管理机关，则根据申请人的请求，在上述期限届满前进行国际专利申请的审查。

向联邦知识产权行政管理机关提交国际申请中颁发发明或实用新型专利证书的申请可以改为提交本法典规定的颁发专利证书的申请。

如果上述文件未在规定期限内提交，则国际申请对俄罗斯联邦的效力依照《专利合作条约》而终止。

本法典第 1378 条第 3 款规定的修改申请文件的期限，自联邦知识产权行政管理机关开始依照本法典审查国际申请之日起计算。

2. 发明或实用新型专利的欧亚申请，如依照《欧亚专利公约》具有本法典规定的发明专利申请的效力，则自联邦知识产权行政管理机关从欧亚专利局收到经过认证的欧亚专利申请副本之日起开始审查。本法典第 1378 条第 3 款规定的修改专利申请文件的期限亦自该日起计算。

3. 世界知识产权组织国际局依照《专利合作条约》公布国际申请或者欧亚专利局依照《欧亚专利公约》公布欧亚申请取代本法典第 1385 条规定的专利申请信息材料的公布。

**第1397条** 相同发明的欧亚专利证书与俄罗斯联邦专利证书

1. 如果对相同发明或相同发明和实用新型颁发的欧亚专利证书和俄罗斯联邦的专利证书具有相同的优先权日期又属于不同的专利持有人，则这种发明或发明和实用新型必须在尊重所有专利持有人权利的情况下才能利用。

2. 如果对相同发明或相同发明和实用新型颁发的欧亚专利证书和俄罗斯联邦的专利证书具有相同的优先权日却属于同一人，则该人可以根据这些专利证书签订的许可合同向任何人提供发明或发明和实用新型的使用权。

## 第六节 专利证书效力的终止和恢复

**第1398条** 认定发明、实用新型或外观设计专利证书无效

1. 有下列情形之一的，发明、实用新型或外观设计的专利证书在其有效期内可以被认定完全无效或部分无效：

（1）发明、实用新型或外观设计不符合本法典规定的专利能力条件；

（2）列入专利证书的发明或实用新型公式中或外观设计实质要件清单中存在截至专利申请书提交之日发明或实用新型描述和发明或实用新型公式（如果发明或实用新型专利申请截至其提交之日含有这种公式）或产品图形中所不存在的要件；

（3）对具有相同优先权日期的相同发明、实用新型或外观设计颁发专利证书违反了本法典第1383条规定的条件；

（4）专利证书所指出的作者或专利持有人依照本法典不具有作者或专利持有人资格，或者专利证书没有指出依照本法典具有作者或专利持有人资格的作者或专利持有人。

2. 任何人知悉存在违反本条第1款第1项至第3项的事实，

均有权向专利争议局提出异议，要求撤销专利证书。

任何人知悉存在违反本条第 1 款第 4 项的事实，均可以通过司法程序要求撤销发明、实用新型或外观设计的专利证书。

3. 发明、实用新型或外观设计专利证书根据联邦知识产权行政管理机关依照本法典第 1248 条第 2 款和第 3 款作出的决定或依照已经生效的法院判决而被认定全部或部分无效。

在发明、实用新型或外观设计专利证书被认定部分无效时，应颁发新的专利证书。

4. 被认定完全或部分无效的发明、实用新型或外观设计专利证书自专利证书颁发之日起撤销。

根据专利证书签订的许可合同，如专利证书后来被认定无效，在关于专利证书无效的决定作出之前已经履行的部分仍然有效。

5. 认定专利证书无效意味着撤销联邦知识产权行政管理机关关于颁发发明、实用新型或外观设计专利证书的决定（第 1387 条）并废除在相应国家登记簿中的记载（第 1393 条第 1 款）。

**第 1399 条** 提前终止发明、实用新型或外观设计专利证书的效力

发明、实用新型或外观设计专利证书效力分别在下列情况下提前终止：

专利持有人向联邦知识产权行政管理机关提出申请的，自收到申请之日起终止。如果专利证书是对一组发明、实用新型或外观设计颁发的，而专利持有人提出的申请并不是针对该组发明、实用新型或外观设计中所有的专利权客体，则专利证书的效力仅对申请书中指明的发明、实用新型或外观设计终止。

不在规定期限缴纳发明、实用新型或外观设计专利证书效力

年费的，专利证书的效力自缴纳年费规定期限届满之日起终止。

**第 1400 条** 恢复发明、实用新型或外观设计专利证书的效力及后用权

1. 发明、实用新型或外观设计专利证书的效力由于未在规定期限内缴纳专利年费而提前终止的，可以根据专利持有人的申请由联邦知识产权行政管理机关予以恢复。要求恢复专利证书效力的申请可以在专利年费缴纳期限届满之日起的3年内缴纳，但必须是在本法典规定的专利证书的有效期内。申请书应附具证明已经按规定数额缴纳专利证书效力恢复费用的凭证。

2. 联邦知识产权行政管理机关应在官方通报中公布关于恢复发明、实用新型或外观设计专利证书效力的信息材料。

3. 在发明、实用新型或外观设计专利证书终止效力之日与联邦知识产权行政管理机关官方通报公布关于恢复专利证书效力之日期间，已经开始发明、实用新型或外观设计的利用或者在上述期间内已经为此做了必要的准备，则该人在不扩大利用范围的条件下保留继续无偿利用的权利（后用权）。

## 第七节 机密发明法律保护与利用的特点

**第 1401 条** 机密发明专利的申请与审查

1. 提交请求颁发机密发明专利证书的申请（机密专利申请）、申请的审查和处理必须遵守国家机密法。

2. 机密发明，如果对之规定了机密等级为“机要”或“绝密”的，以及属于武器和军事技术以及属于情报活动、反间谍活动和刑事侦缉活动领域的方法和手段，如果确定为“机密”等级的，其专利申请应根据其专题属性而向俄罗斯联邦政府授权的联邦行政机关（被授权机关）提出。其他机密发明的专利申请向联邦知识产权行政管理机关提出。

3. 如果联邦知识产权行政管理机关在审查发明专利申请时确定，申请含有构成国家机密的信息材料，则应依照国家机密法对该申请加密，该申请即视为机密发明申请。

对外国公民或外国法人提出的专利申请，不允许进行加密。

4. 在审查机密发明专利申请时，相应地适用本法典第1384条、第1386条至第1389条的规定。在这种情况下不公布关于专利申请的信息材料。

5. 在确定机密发明的新颖性时，现有技术水平（第1350条第2款）还应包括在俄罗斯联邦提出了专利申请的机密发明、苏联颁发了著作权证明的机密发明，只要这些机密发明的机密等级不高于正在确定其新颖性的发明的机密等级。

6. 对被授权机关就机密发明专利申请作出的决定提出的异议，按照该机关规定的程序进行审议，而对异议审议后作出的决定，可以向法院提出告诉。

7. 对机密发明专利申请，不适用本法典第1379条关于发明专利申请改变为实用新型专利申请的规定。

**第1402条**　机密发明专利的国家注册和专利证书的颁发机密发明信息材料的传播

1. 机密发明在《俄罗斯联邦发明国家注册簿》的登记和机密发明专利证书的颁发由联邦知识产权行政管理机关进行，如果颁发机密发明专利证书的决定是由被授权机关作出的，则由该机关进行。被授权机关在对机密发明进行注册和颁发专利证书后，应将此情况通知联邦知识产权行政管理机关。

被授权机关在对机密发明进行注册和颁发专利证书后，应将对明显的或技术错误的修改列入机密发明专利证书和（或）《俄罗斯联邦发明国家登记簿》。

2. 关于机密发明专利申请的信息材料，以及关于《俄罗斯联邦发明国家登记簿》中涉及机密发明的修改的信息材料不予公布。关于这种专利证书信息材料的移交依照国家机密法进行。

**第 1403 条** 机密等级的变更和发明的脱密

1. 机密等级的变更和发明的脱密，以及机密发明专利申请文件和专利证书消除机密标志，均按国家机密法规定的程序进行。

2. 在提高发明的机密等级时，联邦知识产权行政管理机关应根据专利申请文件的技术属性将这些文件移送相应的被授权机关。如果在提高机密等级时该机关尚未完成专利申请的审查，则对专利申请的审查由被授权机关继续进行。在发明降低机密等级时，专利申请的审查由原审查机关继续进行。

3. 在发明脱密时，被授权机关应将该发明的脱密文件移送联邦知识产权行政管理机关。被授权机关在文件脱密前尚未完成的审查，由上述联邦机关继续进行。

**第 1404 条** 认定机密发明专利证书无效

根据本法典第 1398 条第 1 款第 1 项至第 3 项规定的理由对被授权机关颁发机密发明专利证书提出的异议，应按规定程序送交被授权机关。被授权机关对异议作出的决定，由该机关领导人批准并自批准之日起生效，对决定不同意的，可以向法院提出告诉。

**第 1405 条** 机密发明的专属权

1. 机密发明的利用和专属权的处分应遵守国家机密法。

2. 转让机密发明的专利以及机密发明利用许可合同均应在颁发机密发明专利证书的机关或其权利继受机关进行注册，没有权利继受机关的，应在联邦知识产权行政管理机关注册。

3. 对机密发明不允许进行本法典第 1366 条第 1 款和第 1368 条第 1 款规定的签订专利转让合同的公开要约和开放许可申请。

4. 对机密发明，不提供本法典第 1362 条规定的强制许可。

5. 本法典第 1359 条规定的行为，以及不知悉也不可能根据合法理由知悉存在机密发明专利的人利用机密发明，均不构成对机密发明专利持有人权利的侵犯。在发明脱密后或专利持有人通知该人存在该发明的专利之后，该人应该终止发明利用或同专利持有人签订许可合同，但存在先用权的情形除外。

6. 不允许对机密发明专属权进行追索。

## 第八节　作者和专利持有人权利的保护

**第 1406 条**　与保护专利权有关的争议

1. 与专利权保护有关的争议由法院审查。与专利权保护有关的争议包括：

（1）关于发明、实用新型或外观设计作者身份权的争议；

（2）关于确定专利持有人的争议；

（3）关于侵犯发明、实用新型或外观设计专属权的争议；

（4）关于发明、实用新型或外观设计专属权转让（专利转让）合同和利用许可合同的签订、履行、变更和终止的争议；

（5）关于先用权的争议；

（6）关于后用权的争议；

（7）关于依照本法典向发明、实用新型或外观设计的作者给付报酬的数额、期限和程序的争议；

（8）关于给付本法典规定的补偿金的数额、期限和程序的争议。

2. 在本法典第 1387 条、第 1390 条、第 1391 条、第 1398 条、第 1401 条和第 1404 条规定的情况下，专利权的保护依照本法典第 1284 条第 2 款和第 3 款通过行政程序进行。

**第 1407 条**　法院关于专利侵权案件的判决的公布

专利持有人有权要求在联邦知识产权行政管理机关的官方通报上公布法院关于非法利用发明、实用新型、外观设计或其他侵权行为案件的判决。

# 朝鲜专利法

## 朝鲜发明法

（1998 年 5 月 13 日最高人民会议常设会议颁布，
1999 年 3 月 11 日最高人民会议常任委员会修订补充）

### 第一章 总 则

**第一条** （发明法的宗旨）朝鲜民主主义人民共和国发明法旨在通过建立一套严格的发明申请、审查、注册及发明权与专利权保护制度和秩序，促进科学技术及国民经济的发展。

**第二条** （发明权、专利权的授予）发明是指更新和进步的科学技术成果，与已有成果相比能带来更高的技术和经济效果。国家对发明审查、注册后，授予发明人发明权或专利权。

**第三条** （发明的申请注册原则）发明的注册申请是有效地保障其发明的审查及注册的先决条件。国家确保发明注册申请程序的正确设置和严格执行。

**第四条** （发明的审查注册原则）发明的准确审查和注册是发展科学技术的重要条件。国家确保发明审查和注册的客观及科学准确性。

**第五条** （发明权及专利权的保护原则）保护发明权、专利权是朝鲜民主主义共和国的一贯国策。国家应保护并确保发明及专利权人的权利。

**第六条** （鼓励发明原则）国家积极奖励发明，大力开展大众化技术革新，不断增加科学技术创新与引进所必需的投资。

**第七条** （在发明领域的交流与协助）国家极力发展在发明领域中与世界各国及国际组织的交流与协助。

## 第二章 发明注册的申请

**第八条** （发明注册申请的基本要求）正确对待发明注册的申请是所创造的科学技术的优先权及科学技术价值得到认可以及评估的基本担保。任何机关、企业、其他组织和公民若想申请其科技成果的发明权或专利权，必须准确、及时提交发明注册申请。

**第九条** （共同发明的注册申请）我国公民与外国公民共同创造的科技成果应该联名申请注册，或者以其所属的机构、企业及其他组织的名义申请。

**第十条** （发明注册申请的管理机关）发明注册申请向发明登记机关提出。外国法人或外国自然人的发明注册申请应委托专利代理机构进行。

**第十一条** （发明注册的申请文件）发明注册申请应分为内容和说明编写。若内容不可分类，申请书可以编写为一个文件提交。发明注册的申请文件应附带注册申请书、技术说明书等文件。

**第十二条** （发明注册的申请程序）机关，企业，其他组织和公民必须向发明登记机关提交发明注册申请文件。申请文件应包括产品样本、模型、试验产品、试剂等登记机关要求的资料。发明登记机关自收到申请文件之日起20日内向申请人发出申请受理通知书。

**第十三条** （专利申请费）欲对其科学技术成果获取专利权的机构、企业、其他组织和公民应当支付一定的费用。费用由物价部门规定。

## 第三章 发明的审查与注册

**第十四条** （发明注册申请的审查内容）发明的审查和注册

是审查、评估发明价值的重要工作。发明登记机关收到申请后，应审查其技术的特点、水准、工业实用性、经济效益等。如有必要，发明登记机关可委托专门机构对发明进行科学技术评估和试验分析。

**第十五条** （发明的优先权）发明的优先权，以发明登记机关首次接收发明注册申请文件之日为准而定。根据国际条约主张优先权时，遵其规定。

**第十六条** （发明注册申请的现场调查）发明登记机关就发明注册申请内容可以进行现场调查。提出申请的机关、企业、其他组织和公民应该保障现场调查所需的条件。

**第十七条** （国家发明审查委员会）为确保发明申请的准确性，国家科技行政机关下设非常设国家发明审查委员会。其他所需部门也可以设置非常设发明审查委员会。

**第十八条** （发明的注册及否决通知）发明登记机关应向申请人签发发明的许可注册或否决通知书。否决通知书应写明否决理由。

**第十九条** （发明的注册）得到注册许可的发明应在发明登记机关登记注册。发明登记机关负责注册被许可的发明，授予发明人证书或专利权。向享有发明权的人授予发明勋章和奖金。

**第二十条** （注册发明的公开）发明登记机关应当公开已登记注册的发明。但根据需要也可以不公开。

**第二十一条** （异议的提出）机关、企业、其他组织和公民对发明审查结果有异议的，可以向发明登记机关提出。发明登记机关应该及时审查并处理。

**第二十二条** （向他国申请专利权）机关、企业、其他组织和公民可以向他国申请新科学成果的专利权。但应得到发明登记机关的同意并委托专利代理机构进行申请。

## 第四章　发明权、专利权的保护

**第二十三条**　（科技利用的保护）保护发明权和专利权是促进科学技术发展并保障其权利的必然要求。发明注册机关及相关部门、企业、组织确保已被审查注册的科学技术发明的使用权。

**第二十四条**　（赋予发明权或专利权的科学技术的使用权）赋予发明权的科学技术，其使用权归属于机关、企业和其他组织。但专利技术，其使用权归属于专利权人。

**第二十五条**　（专利权的保护期限）专利权的保护期限为自赋予优先权之日起满15年。根据专利权人的申请，其专利保护期可以延长5年。

**第二十六条**　（专利权保护费）专利权人应该为专利保护支付费用。该费用由物价部门确定。

**第二十七条**　（专利权的消灭）符合下列情形之一时，专利权归于无效：

（一）专利权人放弃其权利；

（二）在规定的时间内未缴付专利权保护费；

（三）国家发明审查委员会或法院判决致使专利权归于无效。

**第二十八条**　（专利技术的利用）机关、企业、其他组织或公民利用专利技术进行生产，应该事先征得专利权人的同意。专利技术未经专利权人的同意不得转让于第三人。

**第二十九条**　（专利权的转让）不承认专利权的转让及许可使用。在此情况下，专利权人应当签订合同并在发明登记机关登记。

**第三十条**　（共有专利权的行使）专利权的共有人可以不经过其他共有人的同意使用该专利技术。但是转让或许可第三人使用该专利技术，必须征得其他共有人的同意。

**第三十一条**　（专利权的移交）专利技术用于公共利益时，

国家可以接管该专利权或有权使用该专利技术。此时，给予专利权人相应的补偿。

**第三十二条** （专利权的转换）根据专利权人要求，专利权可以转换为发明权。但是，发明权不能转换为专利权。

**第三十三条** （不经专利权人的同意使用专利技术）专利技术的使用符合下列情形之一的，可以不经过专利权人的同意：

（一）用于临时逗留在本国的他国运输手段的修理装备上；

（二）用于科学研究和实验的；

（三）根据医生的配方用于制造患者治疗所需医药品上。

**第三十四条** （受本法保护的科学技术向他国的转让）受本法保护的科学技术的使用权以及数据、制品，须与国家科学技术行政指导机关协商一致，并征得内阁的同意，方可转让给他国。

## 第五章　对发明事业的指导与调控

**第三十五条** （指导和调控发明事业的基本要求）加强对发明事业的指导和调控是正确履行国家科学技术政策的基本保障。国家应加强对发明事业的指导和调控。

**第三十六条** （对发明事业的指导）科技行政指导机关在内阁的统一领导下指导发明事业。科技行政指导机关应该提出正确的发明目标，定期掌握和指导发明的实现和引进工作。

**第三十七条** （科技讨论会、技术革新展示会、经验交流会）机关、企业和其他组织定期举办科学技术研讨会、技术创新成果展览、经验交流会、有奖竞赛等方式，推动大众化技术革新。

**第三十八条** （发明条件的保障）国家计划机关、劳动行政机关、物资供应机关、财政金融机关应该及时提供为发明所需的人力、物力和资金。

**第三十九条** （对发明人、引进人的优惠和评价）国家为贡献于国民经济发展的发明人以及引进被注册为发明的科学技术成果的公民提供优厚的社会待遇和社会评价。

**第四十条** （对发明事业的调控）发明事业的调控由科技行政指导机关及相关监督调控机关进行。科技行政指导机关及相关监督调控机关应设立发明注册申请、审查及发明登记制度，加强对发明权和专利权保护的监督和调控。

**第四十一条** （赔偿损失）侵犯发明权人或专利权人的权利，侵权人应赔偿相应的损失。

**第四十二条** （行政及刑事责任）对于违反本法致使发明事业发生严重损失的机关、企业和其他组织的职员及个体公民违反本法给发明事业造成严重影响的，根据情节的严重性追究行政或刑事责任。

**第四十三条** （解决纠纷）发明争议应通过协商解决。协商不成的，可以通过仲裁机构或法院解决。

# 朝鲜工业品外观设计法

（1998 年 6 月 3 日最高人民会议常设会议颁布，
1999 年 1 月 14 日最高人民会议常任委员会修订，
2005 年 8 月 2 日最高人民会议常任委员会修订补充）

## 第一章　工业品外观设计法总则

**第一条** （工业品外观设计法的使命）朝鲜民主主义人民共和国工业品外观设计法旨在建立严格的外观设计的申请、审查制度和秩序，保护外观设计权，以利于工业产品质量的提高和社会主义经济的发展。

**第二条** （工业品外观设计及其分类）工业品外观设计是指对以工业的方法生产的产品的形状、色彩与图案的结合所作出的富有美感并使用于工业上的新设计。

工业外观设计包括机器设备、运输工具、纺织品、生活用具以及文化用品、服装、家具类、工具类和包装容器的外观形状和装饰。

**第三条** （工业品外观设计的注册申请原则）工业品外观设计的注册申请是外观设计管理的第一个步骤。

国家确立工业品外观设计注册申请程序，并监督实施。

**第四条** （工业品外观设计的注册审查原则）审查工业品外观设计的注册申请是工业品外观设计注册登记机关的基本职责。

国家建立工业品外观设计注册审查制度，并保证审查的科学性及公正性。

**第五条** （工业品外观设计权的保护原则）保护工业品外观设计权是朝鲜民主主义人民共和国的一贯政策。国家保护机构、企业、组织和公民享有的工业品外观设计权。

**第六条** （工业品外观设计的更新原则）国家密切关注工业品外观设计，针对国民经济的发展和工业产品的增加不断更新工业品外观设计。

**第七条** （工业品外观设计领域的交流与合作）国家在工业品外观设计领域促进与世界各国及国际组织的交流合作。

## 第二章　工业品外观设计的注册申请

**第八条** （工业品外观设计注册申请的基本要求）工业品外观设计注册的申请是能够及时审核工业品外观设计注册的前提条件。

任何机构、企业、组织和公民都应当准确地提出其创造的工业品外观设计的注册申请。

**第九条** （工业品外观设计注册申请文件的提交）申请注册工业品外观设计的机构、企业、组织和公民应向工业品外观设计注册登记机关提交有关申请文件。

如果是联合申请，应联合署名。

**第十条** （工业品外观设计注册申请文件的制作方法）工业品外观设计注册申请文件据工业品外观设计类别而编制，但是对结构、功能上互相结合的工业品外观设计可以以一个申请文件而编制。

工业品外观设计注册申请文件应包括外观设计的名称、类别和申请人姓名，及设计图样、介绍和评估报告。

**第十一条** （工业品外观设计注册申请文件的提交方法）工业品外观设计的注册申请应直接提交或邮寄到工业品外观设计注册登记机关。

在不得已的情况下，可以利用电传或传真等通信手段提交。

**第十二条** （外国法人的工业品外观设计注册申请）外国机构、企业、组织和公民在本国注册其工业品外观设计，应当通过代理机构向工业品外观设计注册登记机关提出朝文版申请书。

**第十三条** （工业品外观设计注册申请文件的修改）工业品外观设计注册申请文件中若有错误时，注册登记机关应当退回或在 3 个月内予以修改。

如果因不可避免的原因在 3 个月内未予修改，修改期间可再延长 2 个月。

**第十四条** （工业品外观设计注册申请文件的受理通知）工业品外观设计注册登记机关在接到工业品外观设计注册申请后，应书面告知申请的机构、企业、组织和公民，并标明受理申请的日期和编号。

**第十五条** （工业品外观设计的注册申请日期）申请注册日期以接收工业品外观设计注册申请文件之日为准。

申请文件中的错误已在指定时间内予以改正的，以工业品外观设计注册登记机关初次接收申请文件之日为注册申请日期。

**第十六条** （工业品外观设计注册申请的优先权）任何机构、企业、组织和公民的工业品外观设计或其样品已在展览会上展示的，在相同的工业品外观设计申请中享有优先权。

申请人必须在展览会上展示工业品外观设计的3个月之内向注册登记机关提出享有优先权的有关证明。

**第十七条** （优先权的效力）他国的机构、企业、组织和公民在本国已取得注册申请优先权时，应自授予优先权之日起在6个月内向本国外观设计注册登记机关提交相关证明文件方为有效。

**第十八条** （向外国申请工业品外观设计的注册登记）享有工业品外观设计权的机构、企业、组织和公民可以申请在外国登记注册。在这种情况下，经过本国工业品外观设计注册登记机关的许可，并通过国际组织或代理机构提交外观设计注册申请文件。

## 第三章 工业品外观设计注册登记的审查

**第十九条** （工业品外观设计注册审查期间）工业品外观设计注册登记的审查是检讨注册申请并核准其登记注册的重要工作。

工业品外观设计注册登记机关应自接到注册申请之日起6个月内审核申请。

**第二十条** （工业品外观设计注册审查资料的补充）工业品外观设计注册登记机关可要求申请机构、企业、组织和公民提供审查外观设计注册申请所需的相关资料。

申请人应及时提供工业品外观设计注册登记机关所要求的资料。

**第二十一条** （不得注册的设计）下列设计不得注册为工业品外观设计：

（一）与已注册的工业品外观设计基本相同或相似的设计；

（二）与已公开并使用的产品相同或相似的设计；

（三）不符合本国的法律、社会道德、美风良俗的设计；

（四）技术设备以及技术工程图纸或美术作品、建筑物、纪念碑之类的设计；

（五）与注册商标设计相同或相似的设计；

（六）没有经济效益、实用艺术性或生产可能性的设计。

**第二十二条** （工业品外观设计的审查机关）工业品外观设计注册登记机关应负责审查、批准或否决工业品外观设计的注册申请。

审查结果应通知申请机构、企业、组织和公民。

**第二十三条** （工业品外观设计注册证书的签发）得到注册许可的工业品外观设计，应在工业品外观设计注册登记机关登记注册，注册登记机关向申请机构、企业、组织和公民授予相关证书。

已登记注册的工业品外观设计应在政府工业品外观设计公报上公告。

**第二十四条** （对已注册工业品外观设计的异议）任何机构、企业、组织和公民对已注册的工业品外观设计有异议的，可以自该外观设计公告之日起 6 个月内向注册登记机关提出申诉。

工业品外观设计登记机关应审查其申诉，并将审查结果通知相关机构、企业、组织和公民。

**第二十五条** （对否决注册工业品外观设计的异议）申请机构、企业、组织和公民对工业品外观设计注册否决书有异议的，可以在接到注册否决通知后 6 个月内申请复审。

工业品外观设计注册登记机关应审查其复审申请，并将审查结果通知相关机构、企业、组织和公民。

**第二十六条** （复审异议的处理）申请人对复审有异议的，可在接到复审结果通知后 2 个月内向国家工业品外观设计审查委员会提出申诉。

## 第四章　工业品外观设计权的保护

**第二十七条**　（保护工业品外观设计权的基本要求）工业品外观设计权的保护是加强工业品外观设计管理的基本要求。

工业品外观设计注册登记机关及相关机关有义务保护机构、企业、组织和公民的工业品外观设计权。

**第二十八条**　（工业品外观设计权人）工业品外观设计权属于注册工业品外观设计的机构、企业、组织和公民享有。

联名申请的工业品外观设计权，其权利应属共同所有。

**第二十九条**　（工业品外观设计权人的权利）工业品外观设计权人享有以下权利：

（一）已被注册的工业品外观设计使用权；

（二）转让以及许可他人使用已被注册的全部或部分工业品外观设计；

（三）已被注册的工业品外观设计的撤销权。

**第三十条**　（工业品外观设计权的转让）任何机构、企业、组织和公民转让或被转让工业品外观设计权，应向工业品外观设计注册登记机关提交工业品外观设计转让申请书。

工业品外观设计权的转让自登记转让之日起生效。

**第三十一条**　（工业品外观设计的许可使用）享有工业品外观设计权的机构、企业、组织和公民许可其他机构、企业、组织和公民使用该工业品外观设计的，应签订书面合同，并向工业品外观设计注册登记机关提交许可使用申请文件。

**第三十二条**　（基于工业品外观设计的产品质量责任）被许可使用工业品外观设计的机构、企业、组织和公民应对由该外观设计而生产的产品质量负责。

许可使用自己的工业品外观设计的机构、企业、组织和公民有权监管由其外观设计生产的产品质量。

**第三十三条** （工业品外观设计权的禁止转让）工业品外观设计权不得转让于不具备相应资质的机构、企业、组织和公民，也不得许可其使用已注册的工业品外观设计。

**第三十四条** （向外国转让工业品外观设计权或者许可使用工业品外观设计）享有工业品外观设计权的机构、企业、组织和公民向外国机构、企业、组织和个人转让工业品外观设计权或者许可使用其工业品外观设计的，必须经工业品外观设计注册登记机关的许可。

**第三十五条** （工业品外观设计权的保护期限）工业品外观设计权的保护期限为自注册申请之日起 5 年。

享有工业品外观设计权的机构、企业、组织和公民可以申请延长工业品外观设计权的保护期限，可以延长两次，每次可延长 5 年。延长工业品外观设计权的保护期限，应向工业品外观设计注册登记机关提交有关申请文件。

**第三十六条** （延长工业品外观设计权保护期限申请的提出）延长工业品外观设计权保护期限的申请文件，应在保护期届满前 6 个月提交。但是，在不得已的情况下，可在保护期届满之日起 6 个月内提交。

**第三十七条** （工业品外观设计注册的变更）任何机构、企业、组织和公民在工业品外观设计权保护期限内变更其名称、地址及其他事项的，应向工业品外观设计注册登记机关提交工业品外观设计注册变更申请书。

工业品外观设计注册登记机关应将工业品外观设计注册的变更内容在国家工业品外观设计登记簿上予以登记。

**第三十八条** （工业品外观设计注册的注销）任何机构、企业、组织和公民注销工业品外观设计注册的，应向工业品外观设计注册登记机关提交有关注销注册申请文件，并提交工业品外观设计注册登记证书。

**第三十九条** （工业品外观设计权的失效）工业品外观设计注册被注销，工业品外观设计权保护期限届至或工业品外观设计自其注册之日起 2 年内未使用的，其工业品外观设计权即失效。

## 第五章　工业品外观设计工作的指导与控制

**第四十条** （指导和控制工业品外观设计工作的基本要求）加强对工业品外观设计工作的指导与控制是奖励工业品外观设计创造、保护工业品外观设计权的必然要求。国家应加强对工业品外观设计工作的指导和控制。

**第四十一条** （工业品外观设计指导机关的任务）工业品外观设计指导机关在内阁的统一领导下进行对工业品外观设计的指导管理。

工业品外观设计指导机关应定期掌握和指导工业品外观设计管理工作。

**第四十二条** （工业品外观设计有关事项的公开）工业品外观设计注册登记机关应定期公布工业品外观设计注册、保护期延长、转让、许可使用、注销以及申请人名称和地址的变更情况。

**第四十三条** （工业品外观设计工作费用）有关机构、企业、组织和公民应及时缴纳工业品外观设计管理费用。

工业品外观设计管理费用标准由物价部门制定。

**第四十四条** （工业品外观设计的创作）有关机构、企业和组织应加强有关工业品外观设计创新模式的研究工作，建立长效机制培养所需人才。

**第四十五条** （禁止有关工业品外观设计权的违法行为）任何机构、企业、组织和公民不得未经许可使用工业品外观设计或转让工业品外观设计权，禁止违反工业品外观设计权使用许可程序的违法行为。

**第四十六条** （工业品外观设计工作的监督与控制）工业品外观设计指导部门及其他相关监督管理部门负责工业品外观设计工作的监督和控制。工业品外观设计指导部门及其他相关监督管理部门应设立工业品外观设计注册申请、审查制度，加强对工业品外观设计权保护的监督和控制。

**第四十七条** （赔偿损失及没收违法产品）侵犯机构、企业、组织和公民工业品外观设计权权益的，侵权人应当赔偿损失或者没收由违法行为所生产的产品。

**第四十八条** （禁止使用及注销注册登记）未经许可使用已注册的工业品外观设计，或者违反工业品外观设计权转让程序及工业品外观设计许可使用秩序的，应中止其使用或注销其工业品外观设计注册登记。

**第四十九条** （行政或刑事责任）机关、企业和组织的官员及公民违反本法并造成严重后果的，根据其严重性追究行政责任或刑事责任。

**第五十条** （解决纠纷）工业品外观设计纠纷应协商解决。

协商不成的，提交工业品外观设计注册登记机关和国家工业品设计审查委员会解决。若仍无法解决的，转交仲裁机构或法院解决。

# 蒙古国专利法（新编）

（2006 年 1 月 19 日，乌兰巴托市，

《政府公报》2006 年第 7 期）

## 第一章 一般规定

**第 1 条** 法律宗旨

**1.1** 本法的宗旨是确认发明、外观设计、实用新型的创作

人和专利、实用证书占有人的所有权，调整与发明、外观设计、实用新型有关的关系。

**第 2 条** 有关专利的法律法规

**2.1** 有关专利的法律法规由《宪法》、《民法》、本法以及根据这些法律制定的其他法规组成。

**2.2** 蒙古国国际条约中的规定与本法不一致的，适用国际条约的规定。

**第 3 条** 法律名词术语的定义

**3.1** 对于本法适用的下列名词术语应当从以下意义上理解：

**3.1.1** “发明”是指按照自然规律，首次构思、发现其原理的生产方式或者产品的具有创造性的方案；

**3.1.2** “外观设计”是指新创造的包括产品外部样式、设计有关的装饰、色彩及色彩组合的独特方案；

**3.1.3** “实用新型”是指包括生产方式、设备、方法在内的适于工业上应用的新技术方案；

**3.1.4** “专利”是指确认该方案属于发明、外观设计，批准其创作人在确定期限内拥有将其所有的独占权，由国家有关权力机关颁发的文件；

**3.1.5** “实用证书”是指批准权利人在确定期限内对该实用新型拥有将其所有的独占权，由国家权力机关颁发的证明文件；

**3.1.6** “创作人”是指通过智力创作活动创作出发明、外观设计、实用新型的个人；

**3.1.7** “申请日”是指国家负责知识产权事务的机关首次收到发明、外观设计、实用新型申请的年月日；

**3.1.8** “申请人”是指要求发明、外观设计、实用新型权利保护，申请颁发专利或者实用证书的创作人或者继受其权利的个人和法人；

**3.1.9** “优先权日”是指在申请日之前向保护知识产权的巴黎公约或者世贸组织某一个成员国申请登记该发明、外观设计的年月日；

**3.1.10** “专利、实用证书占有者”是指依照法定根据、程序获得发明、外观设计专利或者实用证书及相关独占权的创作人及其权利继受人；

**3.1.11** “审查员”是指受过理学或者工学高等教育，在知识产权领域工作不少于两年，负责知识产权事务的国家行政机关的享有相应权力的工作人员；

**3.1.12** “相似外观设计”是指在其多数特点上与现有已受保护的外观设计相似的外观设计；

**3.1.13** “许可”是指约定他人实施其获得专利的发明、外观设计、获得证书的实用新型的准许；

**3.1.14** “特别许可”是指根据合同许可他人实施其获得专利的发明、外观设计、获得证书的实用新型时，约定专利、证书持有人不得对此同时许可第三人实施的许可；

**3.1.15** “强制许可”是指有关国家安全、国防、粮食供应、卫生等社会的必然需要或者根据其他法定条件，对创作人或者权利人支付适当报酬后，按照国家权力机关的决定，准许他人实施该发明、实用新型、外观设计的许可；

**3.1.16** “蒙古国参加的国际条约”是指1883年《保护工业产权巴黎公约》及其补充和修改，1960年、1999年《外观设计国际保存海牙协定》，1970年《专利合作条约》，1971年《国际专利分类斯特拉斯堡协定》，1968年《建立外观设计国际分类洛迦诺协定》，1994年世界贸易组织《与贸易有关的知识产权协议》以及蒙古国参加的其他国际条约和协定；

**3.1.17** “依照专利合作条约指定蒙古国的国际申请”是指

依照专利合作条约提出的具有优先权日的发明、实用新型申请。

**第4条** 授予发明专利权的客体和条件

**4.1** 对于具有创造性，能够适用于工业的方法或者新产品创作人及从创作人获得权利的个人、法人授予发明专利权。

**4.2** 对于被证实高于当时技术水平的生产方法和产品，视为具有“新颖性”。

**4.3** 对于“创造性”应理解为由审查员确定，对于相关技术人员而言具有明显高水平的情况。

**4.4** 该发明可以用于工业某一个领域的，视为其“适于工业上应用”。

**4.5** 为了在技术水平上确定发明的新颖性，应当利用向负责知识产权事务的国家行政机关（以下称“知识产权局”）在该发明申请日之前提出的申请和受权利保护的发明、实用新型信息依据。

**4.6** 专利审查员在确定本法第4.1款规定的审查事项时，可以承认国际提前检索机关对申请作出的结论。

**4.7** 下列各项不属于发明：

**4.7.1** 发现科学理论和数学方法；

**4.7.2** 计算机程序、系统；

**4.7.3** 经济活动、智力行为、进行游戏比赛或经营业务的计划、规则和方法；

**4.7.4** 对公序良俗、自然环境、人类健康有害的事项；

**4.7.5** 人、牲畜、动物疾病的治疗、诊断方法；

**4.7.6** 从微生物中提取其他动物、植物的生物学方法。

**4.8** 本法第4.2款规定的“新颖性”标准中包括反映该成果的特点直到申请日之前未曾公开的条件。

**4.9** 本法第4.7.6项中不包括非生物学和微生物学方法。

**第5条** 授予外观设计专利权的条件

**5.1** 外观设计具有新颖性、富有美感和创造性特点时，对其创作人及继受其权利的个人、法人授予外观设计专利权。

**5.2** 保护外观设计时应结合下列特点：

**5.2.1** 外观设计的特点，在其申请日之前未曾公开的，视为具有“新颖性”；

**5.2.2** 外观设计的特点具有智力创造性的，视为具有“创造性”；

**5.2.3** 外观设计的特点应当包括该产品外表上富有美感和一定的实质性特点。

**5.3** 外观设计包含的事项属于该产品根本用途的，不能对其授予专利权。

**5.4** 下列各项不属于外观设计：

**5.4.1** 与国徽、国旗、国印、奖状、奖章以及与外国国旗、国家象征、联合国标记或者象征相同或者相类似的设计；

**5.4.2** 违背社会利益、道德规范的；

**5.4.3** 可能给他人商业活动造成损失的。

**第6条** 授予实用证书的客体和条件

**6.2** 对于被证实高于现有技术的实用新型，视为其具有“新颖性”。

**6.3** 能够适用于某一工业领域的实用新型，视为“适于工业上应用”。

**6.4** 实用新型的特点，在其申请日之前未曾公开的，视为具有“新颖性”。

**6.5** 下列各项不属于实用新型：

**6.5.1** 登记实用新型之前，已经在蒙古国被公开或者被传入并利用的；

**6.5.2** 在此之前曾在本国或者外国出版过的；

**6.5.3** 违背社会利益、道德规范的。

**6.6** 本法第 4.7 款的规定同样适用于授予实用证书。

## 第二章 发明、外观设计、实用新型申请的提出及其审查

**第 7 条** 发明、外观设计、实用新型申请的提出

**7.1** 发明、外观设计、实用新型的申请，应当由其创作人及继受其权利的个人、法人向知识产权局提出。

**7.2** 对于每项发明、外观设计、实用新型都应单独提出申请。对于具有同一个用途，成套使用的发明、外观设计、实用新型，可以作为一件申请提出。

**7.3** 发明的申请应当由请求书和包括下列内容的发明说明书、权利定义和摘要组成，必要时应有附图和有关权力机关的确认：

**7.3.1** 发明说明书应当对发明作出完整、清楚的能够达到提交发明申请目的的与现有技术相区别的实质性特点；以所属技术领域的技术人员能够实现其优点或者发明的最合理方法的整体信息。

**7.3.2** 发明的权利定义应当便于理解，简要、清楚地指出该发明实质性特点和明确权利保护范围；一项发明可以有数个权利定义。

**7.3.3** 说明书和附图应当详细说明权利定义的内容。

**7.3.4** 摘要应当具有提供该发明有关信息的目的；在确定发明的权利保护范围时，不得将其利用。

**7.4** 外观设计的申请由请求书、外观设计的图片或者照片、说明书组成，必要时在图片或者照片、说明书中还应当附上其他有关材料。

**7.5** 实用新型的申请应当由请求书、说明书、权利定义、摘要、附图组成。实用新型的权利定义应反映该实用新型实质性

特点，并确定权利保护的范围。

**7.6** 发明、外观设计、实用新型的申请中应当载明发明、外观设计、实用新型的创作人、申请人及他们授权委托的代理人的名字、地址、授予专利的要求和发明、外观设计、实用新型的名称。

**7.7** 非创作人提出申请的，应当附上证明其获得专利权、实用证书权利的证明文件。

**7.8** 对于与人口粮食供应、健康有关的发明、外观设计、实用新型而言，应当附上由卫生、传染病研究部门出具的，对人的健康、身体不会造成危害的确认和说明。

**7.9** 申请人可以在其申请中提出将其国内、地区、国际申请日期确定为优先权日的请求。在此情况下应当附上申请优先权日的申请文件副本。

**7.10** 在提出优先权日申请时，应当在发明、实用新型申请中附上国际检索报告和初步审查的结论。

**7.11** 在发明、外观设计、实用新型的申请中应当附上支付服务费用的单据。

**7.12** 申请人可以委托代理人代理。

**7.13** 委托代理人的权利、义务应当通过符合《民法》规定要求的委托书加以明确。

**7.14** 申请书应当用蒙古语制作。在用其他语言制作的情况下，申请人应当在其向知识产权局提交该申请之日起2个月内将其翻译成蒙古语。

**7.15** 没有在本法第7.14款规定期限内进行翻译的，视为未曾提出申请。

**7.16** 对于属于同一个国际分类的互相类似的50件以下外观设计，可以作为一个申请提出。

**7.17** 对其申请方面作出终局决定之前，申请人可以撤回其申请。

**第 8 条** 用电子形式提交发明、外观设计、实用新型申请

**8.1** 申请人可以用电子形式提交发明、外观设计、实用新型申请。在这种情况下其申请应当符合本法第 7 条的规定和知识产权局制定的规则。

**8.2** 可以通过计算机软盘或者其他形式提交本法第 8.1 款规定的申请。

**8.3** 以电子形式提交申请的申请日，应当在该申请符合本法规定的要求，而且附有必要证明的条件下，根据将其受理的相关公职人员签字、具有编号的文件加以确定。

**8.4** 对于以电子形式提交的申请有关的决定，知识产权局可以通过电子形式送达。该局的局长可以使用电子签字。

**第 9 条** 依照《专利合作条约》提出国际申请

**9.1** 依照《专利合作条约》指定蒙古国的有关发明、实用新型国际申请的申请日，应当按照本法或者依照《专利合作条约》登记的国际机关登记日期加以确定。

**9.2** 蒙古国公民或者居住在蒙古国的外国公民、无国籍人提出的国际申请的受理机关为知识产权局和世界知识产权组织。

**9.3** 申请人应当按照条约规定的语言向受理国际申请机关提出申请，并缴纳费用。

**9.4** 申请人在其国际申请中为了在蒙古国领土上获得发明专利、实用证书而指定蒙古国的，知识产权局为被指定机关。

**9.5** 申请人在其申请中为了国际提前检索而选择蒙古国时，知识产权局为被选择机关。

**9.6** 被选择机关应当在条约规定的期限内受理对申请进行的提前检索报告。

**9.7** 对于选择蒙古国的国际申请而言，申请人应当依照专利合作条约的规定，在提前检索之前缴纳费用。

**9.8** 知识产权局应当按照相关法律、条约和程序进行与国际申请有关的活动。

**第10条** 确定发明、外观设计、实用新型申请日

**10.1** 知识产权局应当分别在收到发明、外观设计申请之日起20日内，收到实用新型申请之日起7日内进行形式审查，认为符合本法第7条规定要求且符合申请文件形式的，应当将收到申请的日期确定为申请日。

**10.2** 知识产权局认为申请不符合本法第7条规定要求的，应当通知申请人对此进行补充、修改。

**10.3** 自从知识产权局受理本法第10.2款规定的申请之日起在3个月内，申请人对其发明、外观设计申请进行补充、修改或者在1个月内对其实用新型申请进行补充、修改的，应当将第一次收到申请之日期视为其申请日。

**10.4** 在本法第10.3款规定的期限内没有进行补充、修改的，视为未曾提出该申请。

**10.5** 申请人要求优先权日的，应当在登记申请之日起2个月内对此书面通知，提交原申请副本。

**第11条** 对发明、外观设计申请进行审查

**11.1** 在确定申请日之后，知识产权局的审查员对该发明、外观设计是否符合本法第4条、第5条规定的要求进行审查。

**11.2** 申请人应当向知识产权局告知自己曾对其发明或者实质上与其发明相同的成果向外国、国际组织申请专利或者申请某种权利文件的情况。

**11.3** 在审查过程中或者作出终局决定之前，在其第一次提交申请范围内，申请人可以对其申请进行补充、修改。

**11.4** 如果补充、修改将改变其所申请发明、外观设计实质性特点的，应当重新申请。

**11.5** 虽然可以根据申请人的请求推迟审查，但是推迟审查

的期限受本法第 11.9 款、第 11.10 款规定期限的限制。

**11.6** 在审查过程中，申请人若不超出其首次提交说明书的范围，则可以将其申请分为 2 个或者更多的申请，也可以合并为成套使用的数个发明、外观设计、实用新型的申请。

**11.7** 在本法第 11.6 款规定的情况下，对其申请日或者优先权日按其第一次申请确定。

**11.8** 提交发明申请的创作人，在对其申请作出终局决定之前，可以将其申请变更为实用新型申请，也可以将其实用证书的申请变更为发明申请。在此情况下，按照其第一次申请确定其申请日。

**11.9** 自申请日起 9 个月内知识产权局应当根据审查结论作出是否授予专利的决定。

**11.10** 知识产权局认为必要时，可以将本法第 11.9 款规定的期限延长至 12 个月。

**11.11** 在专利杂志上公布授予专利的发明参考文献、权利定义，公布外观设计的图片或者照片。

**11.12** 未能证实属于发明、外观设计而不可能加以保护的，应当作出拒绝授予专利的决定，在作出该决定之日起 30 日内，应当向申请人送达审查结果，将其申请存入专利库。

**第 12 条** 实用新型申请的审查

**12.1** 在申请日后的 1 个月内，由审查员对其是否符合本法第 6 条规定要求、是否可以按照实用新型进行登记作出结论。

**12.2** 在审查实用新型申请时，同样遵守本法第 11.2 款、第 11.3 款的规定。

## 第三章 授予专利和实用证书

**第 13 条** 授予发明、外观设计专利

**13.1** 在专利刊物上公布发明的参考文献和权利定义、外观

设计的图片或者照片之后的3个月内，知识产权局如果没有收到异议、争议的，应当对其授予专利。

**13.2** 在本法第13.1款规定期限内收到异议、发生争议的，直到通过相应程序对此进行处理之前，中止授予专利权。

**13.3** 收到公民、法人异议和发生争议的情况下，由知识产权局首席审查员自收到申诉之日起30日内在原先审查员不参加的情况下，以3名审查员组成的审查组，对该争议进行重新审查处理，并且为原先审查员提供对其结论进行说明的机会。

**13.4** 不服本法第13.3款规定的决定时，可以向设在知识产权局的争议解决委员会提出申诉。

**13.5** 对授予专利的发明、外观设计应当进行国家登记，并将其申请存入专利库。

**第14条** 授予实用证书

**14.1** 自审查员作出可以按照实用新型进行登记的结论之日起，1个月内由知识产权局对其授予实用证书。

**第15条** 专利、实用证书的有效期限

**15.1** 自从申请日起发明专利在20年内有效；外观设计专利在10年内有效；实用新型的实用证书在7年内有效。

## 第四章 发明、外观设计、实用新型创作人和专利、实用证书持有人的权利

**第16条** 发明、外观设计、实用新型创作人的权利

**16.1** 发明、外观设计、实用新型创作人享有下列权利：

**16.1.1** 所有其发明、外观设计、实用新型；

**16.1.2** 向他人转让其专利、实用证书申请权；

**16.1.3** 对其发明、外观设计、实用新型起名；

**16.1.4** 制作其发明、外观设计、实用新型的技术说明书，参加、监督对其进行的试验和用于工业的活动，评定其智力成果

的价值；

**16.1.5** 从实施发明、外观设计、实用新型获利的其他人收入中收取一定的报酬。

**16.2** 发明、外观设计的共同创作人员，共同享有申请专利的权利。

**16.3** 在起草发明、外观设计、实用新型的申请和技术文件、提供资金、做试验等方面提供帮助的人员，不得视为共同创作人。

**16.4** 合同没有其他约定时，共同创作人在提出申请、获取专利和实用证书、许可他人实施他们创作成果、出卖给他人、转让、评定和参加有关发明、外观设计、实用新型的关系时享有平等的权利，未经其他共同创作人的同意，不得行使上述任何权利。

**16.5** 各自单独完成相同的发明、外观设计、实用新型时，最先向知识产权局提出申请的创作人享有获得专利、实用证书的权利；申请优先权日的情况下，最先提交具有优先权日申请的创作人享有获得专利、实用证书的权利。

**16.6** 合同没有其他约定的，在执行公务或者完成合同义务的过程中创作的发明、外观设计专利、实用证书的申请权，由提供工作者享有。

**16.7** 提供工作者自创作出发明、外观设计、实用新型之日起 6 个月内没有提出申请的，其创作人享有申请权。

**16.8** 按照本法第 16.7 款的规定，创作人以自己的名义取得专利、实用证书的情况下，提供工作者在实施该成果时，应当根据合同向专利、实用证书占有人支付一定的费用。

**第 17 条** 专利、实用证书持有人的权利

**17.1** 专利、实用证书持有人享有所有其发明、外观设计、实用新型的独占权。

**17.2** 对于获得专利、实用证书的发明、外观设计、实用新型，应当在取得专利证书、实用证书持有人许可的情况下将其实施。

**第18条** 发明、外观设计、实用新型的实施

**18.1** 专利、实用证书持有人有权禁止通过实施发明、外观设计、实用新型生产产品、出售、使用或者以此目的保存和进口产品。

**18.2** 按照下列情形使用授予专利的发明、外观设计或者获得实用证书的实用新型的，不能视为侵犯了权利人的独占权：

**18.2.1** 专利持有人自己或者其他人经专利持有人许可使用其国内市场上的产品；

**18.2.2** 在科研、教学、试验工作中使用；

**18.2.3** 暂时或者偶然进入本国领域的其他国家运输工具中使用；

**18.2.4** 不以营利为目的使用。

**18.3** 为了有效利用在知识产权局进行权利保护的发明、外观设计、实用新型的目的，设立国家发明库。

**18.4** 对于组成本法第18.3款规定国家发明库的专利占有权，在与该专利持有人签订的合同基础上，由知识产权局享有。

**第19条** 许可合同

**19.1** 利害关系人在实施授予专利的发明、外观设计、获得实用证书的实用新型的情况下，应当与专利、实用证书持有人签订许可合同。

**19.2** 依照许可合同，专利、实用证书持有人承担授予实施成果的人实施其受保护成果的义务，实施成果的人承担支付合同约定的费用和其他合同义务。

**19.3** 许可合同应当包括下列事项：

**19.3.1** 实施发明、外观设计、实用新型的方法、形式、数

量、范围、期限；

**19.3.2** 合同当事人的权利、义务；

**19.3.3** 实施发明、外观设计、实用新型的费用及其支付方式；

**19.3.4** 不履行合同义务应承担的违约责任；

**19.3.5** 争议解决程序。

**19.4** 授予特别许可的情况下，许可方根据许可合同授予受许可方独占权。

**19.5** 授予普通许可的情况下，许可方授予受许可方实施其发明、外观设计、实用新型权，同时有权许可第三人实施其通过专利、实用证书保护的权利。.

**19.6** 许可合同应当书面签订，并且在知识产权局登记后生效。

**19.7** 违反本法第19.6款规定程序的合同、民事行为无效。

**19.8** 专利持有人可以向知识产权局提出许可利害关系人实施其成果的申请。

**19.9** 禁止以限制市场正当竞争的条件签订许可合同。

**第20条** 强制许可

**20.1** 根据利害关系人的申请、知识产权局的决定，在下列情况下可以通过强制许可实施受权利保护的发明、外观设计、实用新型：

**20.1.1** 为了国家安全、国防、人口粮食供应、卫生等社会必然需要而实施发明、外观设计、实用新型的；

**20.1.2** 自从申请日起满4年的，或者自从授予专利、实用证书之日起3年内没有将其实施的情况下，权利持有人未能证明不存在实施条件的；

**20.1.3** 专利持有人认为，通过许可合同实施授予专利的成果具有市场不正当竞争特点的。

**20.2** 专利、实用证书持有人不服知识产权局强制许可决定的，可以向法院起诉。

**20.3** 在签订强制许可合同的情况下，实施授予专利、实用证书成果的费用，由受许可方向许可方支付。

**第21条** 实施发明、外观设计、实用新型的法人和专利持有人的义务

**21.1** 法人实施发明、外观设计、实用新型获得的利益和智力成果的价值应体现在其财务报告中，保守其生产秘密。

**21.2** 智力成果价值的评定可以使用于财产保证、抵押、投资、发行股票、分配和拍卖、核准资本基金和投保等。

**21.3** 发明、外观设计专利、实用证书持有人发生变更时，应当对此书面通知知识产权局，如此变更时不影响第三人的利益。

**第22条** 有关涉及国家机密的发明、外观设计、实用新型

**22.1** 涉及国家安全保障、国防活动的特别重要、属于绝密、机密等级的发明、外观设计、实用新型申请，应当在中央侦察机关登记后，由知识产权局首席审查员受理，交给有权进行机密成果审查的审查员作出结论，解决是否授予专利的问题。

**22.2** 不得将属于国家机密的发明、外观设计、实用新型刊登在报纸和杂志上。

**第23条** 专利、许可费用

**23.1** 应当向知识产权局缴纳提出发明、外观设计、实用新型申请，使专利有效、登记许可合同的费用。

**第24条** 支付专利费用的期限

**24.1** 使专利有效的费用，应当按照《国家印花税法》规定的数额、期限缴纳。

**24.2** 使专利有效的前3年费用，应当在作出授予专利决定之日起6个月内缴纳。在此之后的费用，应当在相应期限开始6

个月之前缴纳。

**24.3** 专利持有人如果没有在本法第 24.2 款规定期限内缴纳使专利有效的费用的，知识产权局可以规定该期限届满后 6 个月的宽限期限。在此情况下应多缴纳与该期限内应缴纳费用相同数额的费用。

**24.4** 与使专利有效具有利害关系人，经专利持有人同意，可以缴纳专利费用。

**第 25 条** 认定专利无效

**25.1** 违反本法的规定授予专利、实用证书的，争议解决委员会、法院可以撤销专利。

**25.2** 拒绝持有专利或者拒绝缴纳专利费用、没有在本法第 24.3 款规定期限内缴纳费用的，由知识产权局撤销专利。

**25.3** 在本法第 25.1 款、第 25.2 款规定的情况下，知识产权局应当在发明、外观设计、实用新型国家登记中作出相应变更，并刊登在专利刊物上。

**25.4** 从未实施发明的情况下，如果专利持有人不能证明在蒙古国不曾存在实施其专利的条件，则必须受国家监督的发明、外观设计、实用新型的占有权将转移到知识产权局。

**25.5** 撤销专利的申请，应当在专利有效期限内提出。

**25.6** 以未缴纳专利费用为由撤销专利的情况下，在专利总有效期限内，可以根据专利持有人的申请恢复专利。

## 第五章 知识产权机关

**第 26 条** 知识产权局

**26.1** 蒙古国有关发明、外观设计、实用新型的问题，由政府执行代办处——知识产权局负责，并行使下列职责：

**26.1.1** 受理并审查处理有关发明、外观设计、实用新型的申请；

**26.1.2** 授予专利、外观设计专利和实用证书；

**26.1.3** 进行有关专利、外观设计、实用新型、许可合同的国家统计；

**26.1.4** 建立有关专利、外观设计、实用新型统一信息库；

**26.1.5** 出版发行有关专利、外观设计、实用新型方面的信息杂志；

**26.1.6** 对解决专利纠纷提供必要的参考资料；

**26.1.7** 制定专利、实用证书文本；

**26.1.8** 认为法人、公民违反《专利法》的，通告有关机关；

**26.1.9** 按照法定根据和程序认定专利、实用证书无效；

**26.1.10** 在其权限范围内组织《专利法》的实施工作；

**26.1.11** 审查处理有关专利问题的申请和申诉；

**26.1.12** 根据创作人的申请，评定发明、外观设计、实用新型的价值；

**26.1.13** 执行国家对知识产权法律法规方面的国家监督，委派知识产权国家监察员；

**26.1.14** 按照其负责的问题，责令有关机关、公职人员出具相关文件；

**26.1.15** 对知识产权教学、科研提供统一指导和措施；

**26.1.16** 选拔从事专利代理的公民、法人并与他们合作；

**26.1.17** 审查处理由其依法管辖的纠纷。

**26.2** 知识产权局的资金来源于其活动收入。

**26.3** 知识产权局提供服务的收费问题，由负责知识产权事务的政府委员制定。

**26.4** 中央和地方行政机关应将发明、外观设计、实用新型方面的工作作为其技术政策的组成部分加以实施。

**第27条** 专利代理人

**27.1** 专利代理人应当是受过高等教育、在知识产权领域工作不少于3年、未曾受过刑罚、已满25岁的蒙古国公民。

**27.2** 专利代理人应当按照相关法律规定取得特别许可。

**27.3** 由知识产权局制定专利代理人工作规则。

**27.4** 专利代理人应当向知识产权局提交发明、外观设计、实用新型、商标权保护代理活动报告，并向知识产权局缴纳其服务收入的10%。

## 第六章 其他事项

**第28条** 解决申诉和争议

**28.1** 赔偿因非法实施受权利保护的成果而造成的损失以及与支付成果实施费用相关的其他纠纷，由设在知识产权局的争议解决委员会自受理申诉后的6个月内审理，并以书面答复。

**28.2** 不服争议解决委员会决定的，可以在收到决定之日起30日内向法院申诉。

**28.3** 争议解决委员会的工作制度，由负责知识产权事务的政府委员制定。

**第29条** 追究违反专利法规、侵犯专利创作人和专利占有人权利者的责任

**29.1** 对于违反有关专利法律法规的行为如果不必追究其刑事责任的，可以给予下列行政处罚：

**29.1.1** 由法官、国家监察员处以公民数额为最低劳动报酬2倍至6倍的罚款，处以法人数额为最低劳动报酬10倍至20倍的罚款；

**29.1.2** 由法官处以有过错的公民7日至14日的拘留；

**29.1.3** 由法官、国家监察员没收发生争议的货物、物品，将其非法收入上缴国库，销毁该货物，责令停止该行为。

**29.2** 侵犯创作人或者专利持有人权利者应当承担蒙古国法

律法规规定的责任。

**29.3** 侵犯占有人权利造成的物质损失的赔偿问题，由法院根据蒙古国《民法》的规定解决。

**第30条** 法律的溯及适用

**30.1** 不得溯及适用本法。

## 确认有关法律失效法

**第1条** 现确认1993年6月22日通过的《专利法》失效。

**第2条** 本法自《专利法》生效之日起施行。